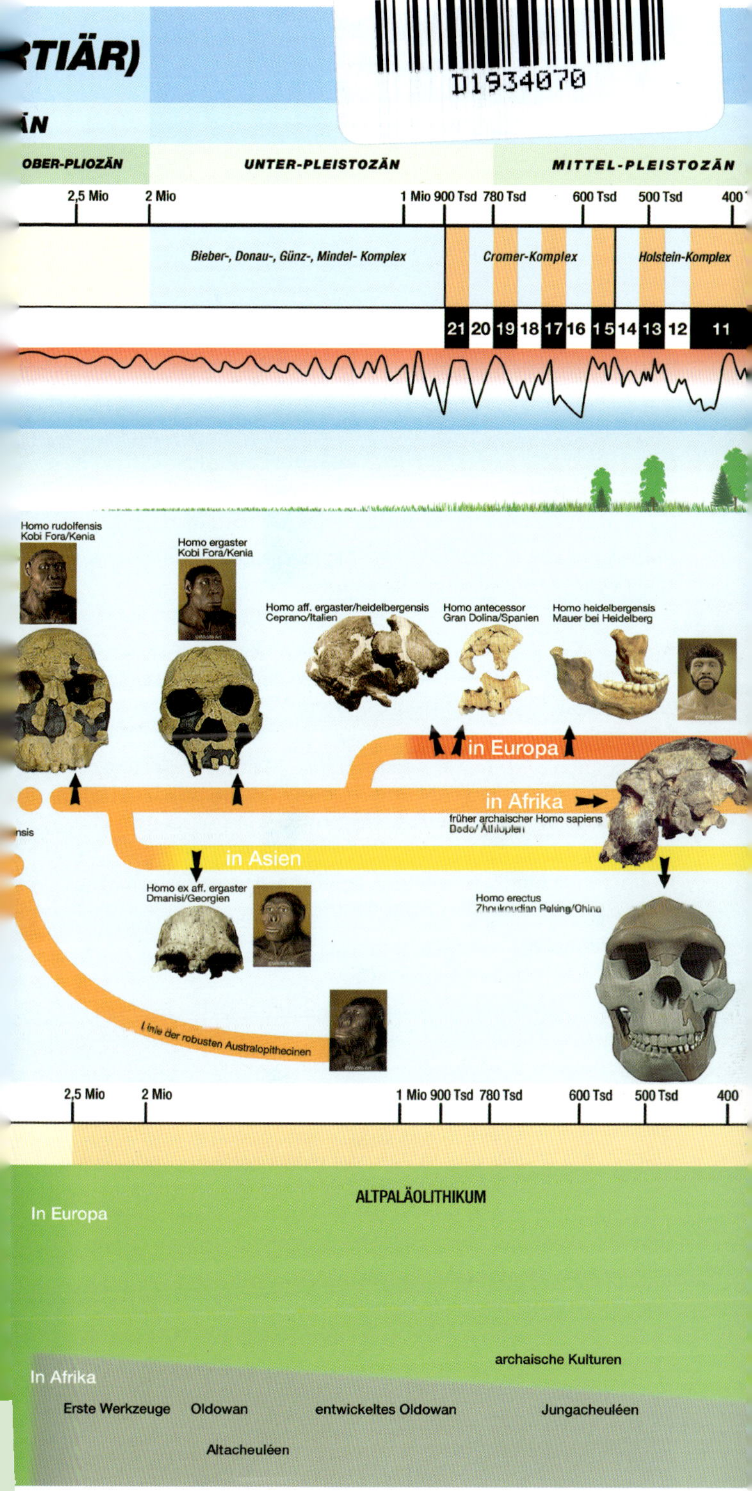
RTIÄR)
ÄN
OBER-PLIOZÄN
UNTER-PLEISTOZÄN
MITTEL-PLEISTOZÄN
2,5 Mio
2 Mio
1 Mio
900 Tsd
780 Tsd
600 Tsd
500 Tsd
400
Bieber-, Donau-, Günz-, Mindel- Komplex
Cromer-Komplex
Holstein-Komplex
21 20 19 18 17 16 15 14 13 12 11
Homo rudolfensis
Kobi Fora/Kenia
Homo ergaster
Kobi Fora/Kenia
Homo aff. ergaster/heidelbergensis
Ceprano/Italien
Homo antecessor
Gran Dolina/Spanien
Homo heidelbergensis
Mauer bei Heidelberg
in Europa
in Afrika
früher archaischer Homo sapiens
Bodo/ Äthiopien
nsis
in Asien
Homo ex aff. ergaster
Dmanisi/Georgien
Homo erectus
Zhoukoudian Peking/China
Linie der robusten Australopithecinen
2,5 Mio
2 Mio
1 Mio
900 Tsd
780 Tsd
600 Tsd
500 Tsd
400
ALTPALÄOLITHIKUM
In Europa
archaische Kulturen
In Afrika
Erste Werkzeuge
Oldowan
entwickeltes Oldowan
Jungacheuléen
Altacheuléen

MenschenZeit – Geschichten vom Aufbruch der frühen Menschen
17. Dezember 2002 – 18. Mai 2003
Reiss-Engelhorn-Museen Mannheim

Gesamtleitung: Prof. Dr. Alfried Wieczorek

Herausgeber: Prof. Dr. Alfried Wieczorek, Dr. Wilfried Rosendahl

Grundkonzeption zur Schausammlung Archäologie und zur Ausstellung: Prof. Dr. Alfried Wieczorek, Dr. Claudia Braun, Luisa Reiblich

Konzeption der Ausstellung MenschenZeit: Prof. Dr. Alfried Wieczorek, Dr. Claudia Braun, Dr. Hans-Peter Kraft, Luisa Reiblich, Gaëlle Rosendahl M.A., Dr. Wilfried Rosendahl

Ausstellungsleitung: Prof. Dr. Alfried Wieczorek, Dr. Claudia Braun

Konzeption und Redaktion des Kataloges: Luisa Reiblich

Ausstellungs- und Katalogtexte: Gaëlle Rosendahl M. A., Dr. Hans-Peter Kraft, Luisa Reiblich, Dr. Wilfried Rosendahl

Begleitprogramm und Führungsorganisation: Patricia Pfaff M.A., Tanja Vogel M.A., Sibylle Schwab M.A.

Ausstellungsarchitektur: Prof. Dr. Alfried Wieczorek

Ausstellungsaufbau: Oliver Klaukien M.A. (Leitung), Ulrich Debus, Colin Frank, Robert Leicht, Jacques und Arnold Lebeuf, Wolfgang Lickert, Orazio Petrosino, Giuseppe Presentato, Werner Schwahn, Antonio Villanova, Andrea Weber

Konstruktion und Gestaltung der Höhle: Matthias Feuersenger und Peter Will (Leitung), Hartmut Gerner (Statik), Wiebke Hiltrop, Jacques und Arnold Lebeuf, Katja Moll

Restauratorische Betreuung: Peter Will, Sandra Gottsmann, Bernd Hoffmann-Schimpf, Magdalena Izdebska, Annette Kirsch, Günther Mössinger, Tina Schrottenbaum

Naturkundliche Präparate: Matthias Feuersenger

Photographien: Jean Christen

Graphik: Gerd Polikeit, Gaëlle Rosendahl M.A., Dr. Wilfried Rosendahl

Graphische Umsetzung: Hans Peter Niers, Tanja Vogel M.A.

Unterstützung bei Technik und Gestaltung: Renate Berghaus (Szenische Wandbemalung), Digital Konzeption (Computeranimation), Wulf Hein und Mitarbeiter (Feuersteinbergwerk), Heine und Partner (Kornfeld), Gerd Polikeit (Szenische Wandbemalung), W. Schnaubelt und N. Kieser/WildLife Art (Wissenschaftliche Rekonstruktion der Dermoplastiken), Spelefilm (Toninstallation)

Medienarbeit und Marketing: Dr. Hans-Jürgen Buderer, Susanne Rockweiler, Stefan Tesch

Leihgeber: Museum für Vor- und Frühgeschichte SMPK Berlin, Geologisch-Paläontologisches Institut der Universität Heidelberg, Ruhrlandmuseum Essen, Museum für Naturkunde Heilbronn, Staatliches Museum für Naturkunde Karlsruhe, Dr. Wilfried Rosendahl

Der Deutschen Presseagentur GmbH *dpa* verdanken wir die Druckerlaubnis für die Porträts der anatomisch modernen Menschen in der Tabelle „Entwicklung von Mensch, Klima und Umwelt".

MenschenZeit

Geschichten vom Aufbruch der frühen Menschen

Herausgegeben von Alfried Wieczorek
und Wilfried Rosendahl

Publikationen der
Reiss-Engelhorn-Museen

Band 7

REISS-ENGELHORN-MUSEEN
MIT CURT-ENGELHORN-ZENTRUM

MenschenZeit

Geschichten vom Aufbruch der frühen Menschen

VERLAG PHILIPP VON ZABERN
MAINZ AM RHEIN

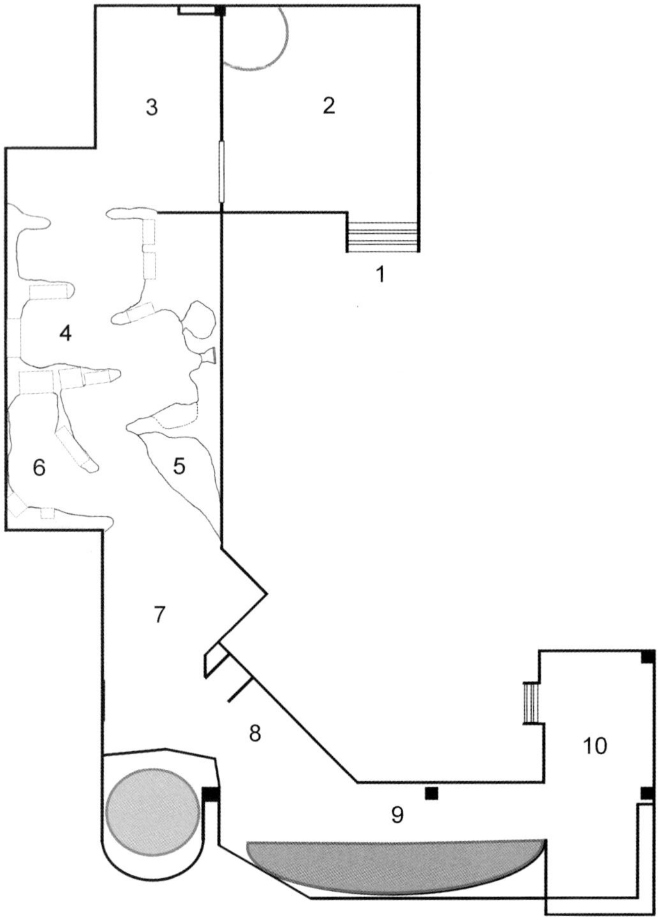

1 Der lange Weg zum Menschen
2 Erste Spuren der Menschen
3 Frühe Menschen in Europa
4 Die Welt der Neandertaler
5 Ankunft der modernen Menschen
6 Höhlenmaler und Knochenschnitzer - Kunst der Eiszeit
7 Leben der Mammutjäger
8 Letzte Jäger und Sammler
9 Bauern und Hirten gestalten eine neue Welt
10 Händler und Bergleute- der Aufbruch in die spezialisierte Arbeitswelt

Inhalt

Vorwort

Die steinzeitlichen Sammlungen der Reiss-Engelhorn-Museen in Mannheim sind von hoher Qualität und internationaler Bedeutung. Sie enthalten Stücke aus den namengebenden Grabungsstätten in Südwestfrankreich, aus bedeutenden Fundplätzen Englands und natürlich auch Objekte aus Mauer bei Heidelberg, dem Fundort des Unterkiefers des *Homo heidelbergensis*.

Für die Forschung sind diese Schätze dank der Arbeiten Dr. Karl Wilhelm Beinhauers, des Leiters der Archäologischen Abteilung, inzwischen erschlossen, auch der Öffentlichkeit wurden sie, zumindest teilweise, im Rahmen unserer Schausammlungen und in Sonderausstellungen bereits bekannt gemacht.

Doch diese Objekte stammen aus einer weit zurückliegenden Zeit, das Wissen, das sie uns übermitteln, erschließt sich nicht durch die bloße Anschauung.

Eine neue Art der Präsentation dieser Exponate war deshalb notwendig, eine, die die Geschichten um die Faustkeile und Schaber, die Klingen und Kratzer erzählt und die Bedeutung dieser Gegenstände im Leben der frühen Menschen erklärt. Das Publikum soll teilhaben am spannenden Abenteuer der Erforschung unserer frühesten Vergangenheit. So wurden für die Ausstellung Themen und weniger die chronologische Reihung zum Gliederungselement, unter Berücksichtigung der früheren Fauna und Flora inszenierte Räume laden zum Erleben der Welt unserer Vorfahren mit allen Sinnen ein: Im Wald riecht es feucht-würzig, in der Höhle modrig, die Bewohner des neolithischen Dorfes sind aus der Ferne zu hören. Zu eigener Tätigkeit fordert das Museum zum Anfassen und Erleben ebenfalls heraus: Ein Steinbohrer kann in Betrieb genommen werden, an einem Mahlstein sind die Mühen nachvollziehbar, mit denen das „tägliche Brot" errungen wurde, mit den Hacken beim Bergwerksmodell darf die Härte der Steine geprüft werden.

Geht man solch neue Wege bei der Konzeption einer Ausstellung, bedarf es vieler Ideen und vieler Helfer innerhalb und auch außerhalb des Museums. Wir danken Gaëlle Rosendahl M.A. und Dr. Wilfried Rosendahl sowie Dr. Hans-Peter Kraft für ihre Mitwirkung bei der Konzeption, die Erarbeitung der Textgrundlagen und ihren Einsatz beim Aufbau der Ausstellung. Irmgard Kraft unterstützte unsere Absicht, die Sachverhalte auch einem jungen Publikum nahe zu bringen, mit drei von ihr verfaßten Begleitromanen zum Thema Steinzeit. Prof. Lutz Fiedler vermittelte uns Exponate, ihm und allen weiteren Leihgebern sei an dieser Stelle herzlich gedankt. Hilfe von außen fanden wir auch bei der Gestaltung unserer Höhle, Hartmut Gerner berechnete die Statik, Rainer Blumentritt erlaubte die Abformung der

Wandstrukturen im „Hohlen Fels", die Arbeitsgemeinschaft „Höhle und Karst"/Grabenstetten unterstützte uns tatkräftig bei dieser Arbeit. Unser Museumsteam, allen voran Matthias Feuersenger und Peter Will, erbaute die Höhle. Ihnen allen und ihren Helfern schulden wir für ihren unermüdlichen Einsatz großen Dank, ebenso wie den anderen Mitarbeiterinnen und Mitarbeitern der Reiss-Engelhorn-Museen, die mit zum Gelingen der Ausstellung beitrugen. Zusammen mit Dr. Claudia Braun wurde unsere Konzeption umgesetzt, Oliver Klaukien M.A. leitete unter Mitarbeit von Ulrich Debus und seinem Team den technischen Aufbau. Für die restauratorische und präparatorische Betreuung sorgten Matthias Feuersenger, Peter Will, Bernd Hoffmann-Schimpf, Günther Mössinger, Annette Kirsch, Sandra Gottsmann, Tina Schrottenbaum und Magdalena Izdebska. Jean Christen verdanken wir die Anfertigung der Photographien, Luisa Reiblich die Redaktion und Gestaltung dieses Begleitbuches und, zusammen mit Hans Peter Niers, die Herstellung der Beschriftungstafeln. Auch hier durften wir mit freundlicher Amtshilfe rechnen: Für den Ausdruck der Informationstafeln in der Ausstellung bedanken wir uns bei Bernd Mistele vom Fachbereich Vermessung der Stadt Mannheim sehr herzlich.

Das Begleitprogramm erarbeiteten Patricia Pfaff, Tanja Vogel und Sibylle Schwab. Dr. Gerhard Rietschel beriet uns in naturkundlichen Fragen. Der Firma DROM verdanken wir die Duftstoffe, dank derer Höhle und Wald so „echt" wirken.

Die Herstellung dieses Buches ist das Verdienst des Verlages Philipp von Zabern in Mainz, ihm und seinen Mitarbeitern sei für ihr geduldig-wirkungsvolles Engagement und die schöne Gestaltung der Publikation herzlich gedankt. Der Deutschen Presseagentur GmbH *dpa* danken wir für die Abdruckerlaubnis der Porträts der anatomisch modernen Menschen in der Tabelle „Entwicklung von Mensch, Klima und Umwelt".

Last but not least ein herzliches „Danke!" an unsere Sponsoren: Ohne die Hilfe der Curt-Engelhorn-Stiftung, der Heinrich-Vetter-Stiftung, von Roche Diagnostics, jacadi, Paris, National Geographic, der Zeitschrift „Die Zeit" und insbesondere des Fördererkreises für die Reiss-Engelhorn-Museen wäre dieses Projekt nicht durchzuführen gewesen.

Prof. Dr. Alfried Wieczorek
Ltd. Direktor,
Fachbereich
Museen und Archiv

1 Der lange Weg zum Menschen

Wie wir wurden, was wir sind – Eine kurze Stammesgeschichte der Menschen

Die Evolution der Menschen gehört ohne Zweifel zu den faszinierendsten wissenschaftlichen Rätseln. Zahlreiche Fachleute aus den verschiedensten Forschungsgebieten, z. B. Paläoanthropologie, Geologie, Physik, Chemie, Molekulargenetik und Archäologie, sind weltweit damit beschäftigt, die Bruchstücke, die diese Stammesgeschichte dokumentieren, zusammenzufügen. Dies ist ein mühsames, jedoch außerordentlich spannendes Unterfangen, vergleichbar einem Puzzle ohne bestimmte Anzahl von Teilen und ohne Bildvorlage. Jedes neu entdeckte Teil kann das bisher gültige Bild bestätigen oder gänzlich umstellen. Dies macht deutlich, dass auch wissenschaftliche Artikel und Stammbäume zum Thema „Ursprung der Menschen" nur Momentaufnahmen mit einer mehr oder weniger sicheren Wahrscheinlichkeit sind, immer geprägt von der Sicht des Autors.

Auf Grund molekularbiologischer Untersuchungen wird allgemein davon ausgegangen, dass sich die Trennung von Menschen und Menschenaffen vor etwa 8 bis 6 Millionen Jahren in Afrika vollzog. Funde, die den Zeitpunkt der Gabelung von Mensch und Menschenaffe im Stammbaum exakt belegen, gibt es bis heute nicht. Jedoch gibt es neue Funde aus dem Tschad und aus Kenia, die diesem Zeitpunkt recht nahe kommen dürften.

Überreste des ältesten bekannten Mitglieds der Menschenfamilie wurden im Juli 2001 in der Sahelzone des zentralafrikanischen Staates Tschad gefunden (Brunet et al. 2002). Der relativ komplette Oberschädel stammt aus etwa 7 Millionen Jahre alten Erdschichten. Nach Ansicht von Michel Brunet, dem Leiter des Forscherteams aus Frankreich und dem Tschad, zeigt die Gesichtspartie des Schädels von *Sahelanthropus tschadensis* einige Ähnlichkeiten mit den erst 3 Millionen Jahre später auftretenden Australopithecinen.

Der mit einem Alter von 6 Millionen Jahren nächst jüngere Fund gelang im Oktober 2000 einem französisch-kenianischen Team in der Boringo-Region Kenias (Senut et al. 2001). In der Öffentlichkeit wurden diese Skelettreste als „Millennium Mensch" bekannt. *Orrorin tugenensis*, so der wissenschaftliche Name dieses schimpansengroßen Vormenschen, konnte, wie Untersuchungen an den Oberschenkelknochen zeigten, sowohl aufrecht gehen wie gut klettern. Dies war in seinem Lebensraum am Waldrand sehr wichtig. In Trockenzeiten konnte er aufrecht gehend am Boden Nahrung sammeln und in Regenzeiten in den Bäumen kletternd nach Früchten suchen.

Den Gang auf zwei Beinen beherrschte auch *Ardipithecus ramidus kadabba*. Knochenreste dieser 5,2 bis 5,8 Millionen Jahre alten Art wurden im Juli 2001 in der Middle-Awash-Region in Äthiopien gefunden (HAILE-SELASSIE 2001). Nach Ansicht der Bearbeiter handelt es sich um eine Unterart von *Ardipithecus ramidus,* dessen 4,4 Millionen Jahre alten Skelettreste 1992 durch ein Team um den amerikanischen Paläoanthropologen Tim Withe in Äthiopien entdeckt wurden (WITHE et al. 1994 & 1995).

Eine seit 1994 bekannte Art schließt sich zumindest zeitlich an *Ardipithecus* an. Es handelt sich um *Australopithecus anamensis,* dessen Reste Meave Leakey in Kanapoi und Allia Bay am Turkana-See fand (LEAKEY et al. 1995). Das Wort *Australopithecus* ist vom Griechischen abgeleitet und bedeutet „Südaffe", „Anam" ist in der Turkan-Sprache das Wort für „See". Die Gattung *Australopithecus* ist eine forschungsgeschichtlich schon seit 1925 bekannte Vormenschenform.

Australopithecus anamensis ist die älteste und ursprünglichste Art der Gattung *Australopithecus.* Sie lebte in der Zeit vor 4,1 bis 3,9 Millionen Jahren und, so zeigt ein fossiles Schienbein, ging aufrecht. In Bezug auf die Gesamtanatomie ähnelt *Australopithecus anamensis* mehr der

Karte der Fundorte früher Menschen aus der Zeit von sieben bis einer Million Jahren vor heute

zeitlich nachfolgenden Art *Australopithecus afarensis* als dem zeitlichen Vorläufer *Ardipithecus* (Leakey 1995).

Die Geschichte von *Australopithecus afarensis* begann 1974 bei Hadar im Afargebiet in Äthiopien. Ein amerikanisch-französisches Team fand hier unter anderem das relativ vollständige Skelett eines Vormenschen, das als *Australopithecus afarensis* – die Artbezeichnung geht auf die Fundregion zurück – in die Wissenschaft einging und in der Öffentlichkeit als „Lucy" weltberühmt wurde (Johanson & Edey 1981). Mittlerweile gibt es Fossilbelege dieser Art auch aus Kenia und Tansania.

Australopithecus afarensis lebte vor 3,8 bis 2,9 Millionen Jahren, wurde 1 m (weibliche Individuen) bis 1,50 m (männliche Individuen) groß und ging aufrecht (Johanson 1996). Letzteres wird eindrucksvoll durch eine von Mary Leakey 1978 in Laetoli entdeckte, 20 m lange Fußspurenreihe belegt: Vor 3,6 Millionen Jahren waren hier drei Individuen von *Australopithecus afarensis* durch eine Vulkanaschenschicht gelaufen (Leakey 1979), die Spuren versteinerten und blieben so erhalten.

Dass vor 3 bis 4 Millionen Jahren auch außerhalb des ostafrikanischen Grabens Australopithecinen verbreitet waren, konnte erstmals 1995 durch einen Fund aus dem Tschad belegt werden. Ein Team um den französischen Forscher Michel Brunet hatte am Bar-el-Ghasal-Berg einen etwa 3 bis 3,5 Millionen Jahre alten Unterkiefer entdeckt (BRUNET et al. 1995). Obwohl der Fund, anatomisch gesehen, einige Ähnlichkeiten mit *Australopithecus afarensis* aufweist, sahen sich die Bearbeiter dennoch dazu veranlaßt, eine neue Art zu beschreiben (BRUNET et al. 1996). Sie wird auf Grund ihres Fundortes als *Australopithecus bahrelghazali* bezeichnet.

Die Art *Australopithecus afarensis* besitzt eine wichtige Schlüsselposition im Stammbaum der Menschen. In engem Zusammenhang mit Klima- und Umweltveränderungen und daraus resultierenden Spezialanpassungen und Wanderbewegungen kommt es von dieser Art aus zur Entwicklung verschiedener Vormenschenlinien.

Eine Linie führt im ersten Schritt zu *Australopithecus aethiopicus*, einer 2,7 Millionen Jahre alten, robusten Australopithecinenart. Reste von *Australopithecus aethiopicus* wurden z. B. am Turkana-See in Kenia und am Omo-Fluß in Äthiopien gefunden.

Die robusten Arten stellen eine spezialisierte Vormenschengruppe dar, die vor 2 bis 3 Millionen Jahren in den trockenen Grassavannen entstand. Ihre rein vegetarische Lebensweise war eine der möglichen Antworten auf die Klimaverschlechterungen, die eine Ausbreitung der Grassavannen bei gleichzeitigem Rückgang der Wälder mit sich brachten.

Die Anpassung an die ausschließlich vegetarische Lebensweise zeigte sich besonders an dem kräftig ausgebildeten Kauapparat. Er machte es möglich, auch die harten Gräser der Savanne als Nahrung zu nutzen. In der Anatomie drückt sich diese Anpassung bei allen robusten Australopithecinen durch einen relativ großen und massiven Kiefer sowie durch einen Knochenkamm auf dem Schädel als zusätzliche Ansatzbasis für die Kaumuskulatur aus.

Aus *Australopithecus aethiopicus* entwickelte sich vor etwa 2,5 Millionen Jahren in Ostafrika eine weitere robuste Art, *Australopithecus bosei*. Auch sie ist durch Funde vom Turkana-See, vom Omo-Fluß und aus der Oldovai-Schlucht belegt (JONES et al. 1992).

Von besonderer Bedeutung ist ein Fund von *Australopithecus bosei* vom Ufer des Malawi-Sees in Zentralafrika. Im Sommer 1996 fand ein Team um den Paläontologen F. Schrenk bei Malema in Malawi ein 2,5 Millionen Jahre altes Oberkieferfragment (SCHRENK 1996a). Es schließt die bisherige Fundlücke zwischen den ost- und südafrikanischen robusten Australopithecinen und untermauert die These, dass die südafrikanische Variante *Australopithecus robustus* vor etwa 2 Millionen Jahren aus der von Ostafrika eingewanderten Art *Australopithecus bosei* hervorgegangen ist. Klassische Fundstellen von *Australopithecus robustus* sind Kromdraai und Swartkrans.

Schädel von *Australopithecus aethiopicus*, einer robusten Art der Gattung *Australopithecus*
Photo: W. Rosendahl

Vor etwa 1,2 Millionen Jahren starb die in einer ökologischen Sackgasse gelandete Gruppe der robusten Australopithecinen mit dem Verschwinden der Arten *bosei* in Ostafrika und *robustus* in Südafrika aus.

Eine zweite Entwicklungslinie von *Australopithecus afarensis* führte zu *Australopithecus africanus*, der forschungsgeschichtlich ältesten Australopithecinenart. Der erste Fund dieser Art war der 1924 in einem Kalksteinbruch bei Taung in Südafrika entdeckte Gesichtsschädel eines Kindes. Bekannt ist dieser von R. Dart beschriebene Fund als das „Kind von Taung".

Australopithecus africanus war wie sein Vorfahre *Australopithecus afarensis* eine grazile, aufrecht gehende Art, besaß im Gegensatz zu dieser aber z. B. einen größeren und runderen Hirnschädel. *Australopithecus africanus* ist bisher nur aus Südafrika belegt und lebte vor etwa 3 bis 2,4 Millionen Jahren. Eine ostafrikanische grazile Form ist *Australopithecus garhi*. Knochenreste dieser 2,5 Millionen Jahre alten Art stammen aus Hata in Äthiopien und wurden erstmals 1999 durch Tim Withe und seine Mitarbeiter beschrieben (Asfaw et al. 1999). *Australopithecus garhi* ist in der Diskussion als ein Bindeglied zu den ersten Vertretern der Gattung *Homo*, den ersten Urmenschen.

Gleiches gilt auch für *Kenyanthropus platyops*, zu Deutsch „flachgesichtiger Keniamensch". Sein flaches und breites Gesicht zeigt nämlich Ähnlichkeiten mit dem späteren *Homo rudolfensis*. Die Gattung *Kenyanthropus platyops* basiert auf 3,5 bis 3,3 Millionen Jahre alten Funden

Schädel des 1924 in Südafrika entdeckten „Kindes von Taung", er ist der namengebende Fund für die Gattung *Australopithecus afarenis*
Photo: W. Rosendahl

vom Turkana-See in Nordkenia, die 1998 und 1999 von einem Team um Meave Leakey entdeckt und 2001 veröffentlicht wurden (LEAKEY et al. 2001).

Nach heutigen Erkenntnissen existierten auch von den frühen Urmenschen gleichzeitig zwei Arten. Die Art *Homo habilis* ist bisher von den ostafrikanischen Fundstellen in der Oldovai-Schlucht in Tansania, aus Koobi-Fora am Turkana-See in Kenia sowie aus Sterkfontein und Swartkrans aus Südafrika bekannt. Es liegen sowohl Schädel als auch andere Skeletteile vor. In der Oldovai-Schlucht in Kenia wurden sogar Steinwerkzeuge dieses Menschen gefunden, was zur Benennung der Art führte: *Homo habilis* bedeutet „geschickter Mensch". Während Schädel und Kiefer graziler als bei den Australopithecinen geformt sind, zeigen die Extremitätenknochen noch zahlreiche Merkmale dieser älteren Gattung. *Homo habilis* ist für die Zeit vor 2,5 bis 1,6 Millionen Jahren nachgewiesen.

Die zweite Art, *Homo rudolfensis,* ist bisher aus Koobi-Fora, vom Omo und aus Uraha in Malawi belegt (Schrenk et al. 1993). In Bezug auf Gesichtsfeld- und Kiefermorphologie ist *Homo rudolfensis* zwar noch sehr australopithecinenartig, unterscheidet sich aber von diesen vor allem durch einen größeren und runderen Hirnschädel. *Homo rudolfensis* lebte vor 2,5 bis 1,9 Millionen Jahren.

Inwieweit die oben vorgestellten Formen oder eine bisher noch nicht entdeckte Art des frühesten *Homo* den weiteren Evolutionsweg zum heutigen Menschen bestimmt haben, ist unklar und wird in der Forschung unterschiedlich diskutiert. Fest steht allerdings, dass vor 1,8 Millionen Jahren mit *Homo erectus* und *Homo ergaster* bereits weitere, viel fortschrittlichere Urmenschenarten entstanden waren.

Bis zu Beginn der 1990er Jahre bestand bei der Mehrzahl der Forscher eine relative Übereinstimmung über die Einordnung von *Homo erectus* in den stammesgeschichtlichen Ablauf der Hominidenevolution. Die Fossilbelege wurden dahingehend gedeutet, dass sich die Art *Homo erectus* vor etwa 1,5 Millionen Jahren aus einer frühen *Homo*-Art in Afrika entwickelt hatte. Nach der Altersstaffelung der Funde außerhalb Afrikas wurde eine Wanderungsbewegung in zeitlichen Intervallen rekonstruiert: Vor 1,4 Millionen Jahren wäre der Nahe Osten, die geographische Drehscheibe zwischen Afrika, Asien und Europa, erreicht gewesen, vor etwa 1–0,7 Millionen Jahren Java und China und vor 500 000 Jahren schließlich Mitteleuropa.

Neue Funde, Neubearbeitungen alter Funde und Fundstellen der jüngsten Zeit zeigen, dass diese Vorstellung viel zu einfach war, und dass der Weg aus Afrika heraus und alle daran anschließenden Entwicklungen viel komplexer und vielgestaltiger abgelaufen sind als bisher angenommen.

Die Anwendung der Kalium/Argon-Datierungsmethode auf vulkanische Gesteinsproben aus den Fundstellen Sangiran und Modjokerto am Solo-Fluß in Java durch ein Team um C. Swisher von der Universität Berkeley in Kalifornien ergab ein sensationelles Alter von 1,8 Millionen Jahren (Swisher et al. 1994) für die entsprechenden Hominidenfunde. Bisher wurde für sie ein Alter von 1–0,7 Millionen Jahren angenommen.

Auch die 1,7 Millionen Jahre alten Funde aus dem georgischen Dmanisi zeigen, dass eine Auswanderung aus Afrika schon viel früher als bisher angenommen erfolgt sein muß. Seit 1991 werden in Dmanisi bedeutende Knochenfunde gemacht (z. B. Bosinski & Justus 1996), zuletzt ein kompletter Schädel im Sommer 2002 (Vekua et al. 2002). Die Schädel aus Dmanisi sind sehr aufschlußreich, zeigen sie doch einerseits Ähnlichkeiten mit dem älteren *Homo habilis* und andererseits mit dem zeitgleichen *Homo ergaster* in Afrika.

Ab der Zeit vor 2,5 Millionen Jahren gibt es auch Werkzeugfunde, archäologische Befunde, welche die Anwesenheit des Menschen belegen können (z. B. SEMAW et al. 1997). Funde dieser Art deuten ebenfalls auf eine frühe Auswanderung aus Afrika hin. Vom Fundplatz Yiron in Obergalilea in Israel liegen z. B. 2,4 Millionen Jahre alte Artefakte vor (RONEN 1996).

Wichtige Hinweise für ein Umdenken ergaben auch die anatomischen Vergleiche von afrikanischen und asiatischen Funden ab der Zeit vor 1,8 Millionen Jahren. Sie sprechen klar gegen eine einzige, für beide Kontinente einheitliche Urmenschenartengruppe.

Nach einer möglichen neuen These sind die primären Auswanderer aus Afrika in Richtung Asien in der Gruppe der ersten stammesgeschichtlichen Vertreter der Gattung *Homo*, z. B. bei *Homo rudolfensis* (SCHRENK 1996b) zu suchen. Vor etwa 2,5 Millionen Jahren wanderten diese über den Nahen Osten, was z. B. Funde in Yiron belegen, nach Ostasien ein. Dort könnten sie sich zu einer rein asiatischen Form bzw. zum klassischen *Homo erectus* weiterentwickelt haben.

Dass der klassische *Homo erectus* eine rein asiatische Entwicklung war, würde noch deutlicher werden, wenn sich die nicht unumstrittene Datierung von 40 000 Jahren für die *Homo-erectus*-Fundstelle von Ngandong auf Java durch Swisher (SWISHER et al. 1996) mittels zukünftiger Befunde bestätigen ließe. Für den *Homo erectus* in Asien wäre dann ein ähnliches Schicksal anzunehmen wie für den Neandertaler in Europa: Eine Verdrängung durch den aus Afrika einwandernden anatomisch modernen Menschen, den *Homo sapiens*.

In Afrika entwickelte sich aus den ersten Vertretern der Gattung *Homo* vor 1,8 Millionen Jahren die Art *Homo ergaster*. Der namengebende und zugleich vollständigste Fund gelang einem Team um den Paläoanthropologen Richard Leakey zwischen 1984 und 1988. In Nariokotome in Nordkenia wurde das fast vollständige Skelett eines etwa elfjährigen Jungen, auch „Turkana-Junge" oder „Nariokotome-Junge" genannt, gefunden, er starb vor etwa 1,6 Millionen Jahren (WALKER & LEAKEY 1994). Der Junge war bereits 1,60 m groß und 48 kg schwer gewesen. Hochgerechnet auf das Erwachsenenalter würde dies eine Größe von 1,85 m und ein Gewicht von 68 kg bedeuten.

Wie der Nariokotome-Junge zeigt, unterschied sich *Homo ergaster* anatomisch deutlich von seinen bekannten möglichen Vorfahren. Auch das Gehirnvolumen war mit bis zu 1000 ccm^3 deutlich größer.

Es gibt Bearbeiter, die glauben, bei den jüngeren, um eine Million Jahre alten afrikanischen Funden (z. B. ASFAW et al. 2002) wieder eine größere Ähnlichkeit zum asiatischen, d. h. klassischen *Homo erectus* erkennen zu können. Sie erklären dies unter anderem damit, dass die sich in Richtung auf den klassischen *Homo erectus* entwickelnden Hominiden Asiens nicht nur den Weg ins Innere Ostasiens, sondern auch wieder nach Afrika zurück gefunden haben.

In Afrika sollen sie sich dann anatomisch und kulturell weiterentwickelt haben.

Auch für die erste Besiedlung Europas gab es Ende der 1980er Jahre Annahmen, die heute nicht mehr gültig sind. Die 1,4 Millionen Jahre alten Siedlungsfunde bei Ubeidiya in Israel, im nördlichen Jordangraben, wurden allgemein als erste Spuren einer Auswanderung in Richtung Europa interpretiert. Auch wenn die weiteren Belege fehlten, nahm man an, dass der Weg vom Nahen Osten schrittweise über Südosteuropa – die Türkei und Griechenland – nach Mitteleuropa führte. Vor etwa 500 000 Jahren sei der Mensch dann dort angekommen, der „älteste Europäer", der Urmensch von Mauer, belege dies.

Mehrere bedeutende Entdeckungen seit Anfang der 1990er Jahre zeigen ein ganz anderes Bild.

1994 wurden bei Ceprano, 90 km südöstlich von Rom, ein Schädeldach und Werkzeuge gefunden, die auf ein Alter von etwa 900 000 Jahren datiert werden konnten (ASCENZI et al. 1996). Im gleichen Jahr wurden in einer Doline in den Hügeln von Atapuerca in Nordspanien Werkzeuge und Skelettreste mehrerer Individuen entdeckt, die 800 000 Jahre alt sind (CRABONELL et al. 1995). Aus Orce in Südostspanien liegen Befunde vor, die für die Anwesenheit des Menschen in Europa bereits vor etwa 1 Million Jahren sprechen (GIBERT et al. 1996).

Diese Entdeckungen machen deutlich, dass die erste Besiedlung Europas nicht über den Nahen Osten, sondern wahrscheinlich über Nordafrika und die Straße von Gibraltar nach Spanien (Orce) und über Sizilien nach Italien (Ceprano) erfolgte.

Interessant ist auch die anatomische Betrachtung dieser neuen Hominidenreste. Der Fund von Ceprano wird momentan weder dem *Homo erectus* noch dem *Homo ergaster* zugeschrieben, jedoch sind markante Unterschiede zur klassischen Form aus Asien zu erkennen (MANZI et al. 2001). Die Funde aus der Gran Dolina in Atapuerca wurden 1997 als eine neue Art, als *Homo antecessor,* beschrieben (BERMUDEZ DE CASTRO et al. 1997). Den Bearbeitern nach kombinieren sich in *Homo antecessor* moderne und primitive anatomische Merkmale so, dass es nicht möglich war, die Funde *Homo heidelbergensis* einerseits oder *Homo ergaster* andererseits zuzuordnen. Eine stammesgeschichtliche Verbindung zu beiden Linien sei jedoch erkennbar. Der neuen Art wird eine Schlüsselstellung für die weitere Entwicklung des Menschen zugeschrieben, denn in ihr findet sich der letzte gemeinsame Vorfahre von modernem Menschen, *Homo sapiens,* und Neandertaler.

Für die weitere Entwicklung in Europa würde dies bedeuten, dass aus *Homo antecessor* vor etwa 700 000 Jahren *Homo heidelbergensis* hervorging. Zu dieser Gruppe gehören neben dem namensgebenden Fund aus Mauer z. B. die Funde von Arago in Frankreich oder die von Box-

grove in England. Letztere, zwei Zähne und ein Schienbeinfragment, haben ein Alter von 500 000 Jahren und sind ebenfalls Neufunde von 1994 (ROBERTS et al. 1994).

Die bedeutendste Entdeckung zur Gruppe des *Homo heidelbergensis* sind die 500 000 bis 400 000 Jahre alten Skelettreste aus einem Höhlensystem ganz in der Nähe der schon erwähnten Fundstelle Gran Dolina bei Atapuerca (BISCHOFF et al. 2003). In der Höhle Sima de los Huesos, „Knochengrube", wie die Übersetzung aus dem Spanischen lautet, wurden seit 1976 1600 menschliche Knochenfragmente von 32 Individuen gefunden (ARSUAGA et al. 1993). Sie machen 75% aller bisher weltweit gefundenen Urmenschenreste aus dem Zeitraum des Mittelpleistozäns von 780 000 bis 125 000 Jahren vor heute aus.

Aus *Homo heidelbergensis* entwickelte sich vor etwa 300 000 Jahren eine neue Art, die als „Ante-Neandertaler" bezeichnet wird (DE LUMLEY-WOODYEAR 1973). Zu dieser gehört z. B. der Schädelfund aus Steinheim an der Murr, der *Homo steinheimensis*. Aus dem Ante-Neandertaler entwickelten sich vor 170 000 Jahren die Präneandertaler. Im Gegensatz zu ihren Vorfahren zeigten sie schon deutlich mehr Merkmale des klassischen Neandertalers. Vertreter

Karte der Wanderungsbewegungen der frühen Menschen

Rot = Wanderungswege vor 2,5 bis 1,5 Millionen Jahren vor heute

Grün = Wanderungswege vor 1 Million bis 500 000 Jahren vor heute

Blau = Wanderungswege vor 120 000 bis 30 000 Jahren vor heute

dieser Gruppe sind z. B. der Schädel Saccopastore I aus Italien oder der Fund aus Ochtendung in der Eifel (von Berg et al. 2000). Aus dem Präneandertaler ging vor etwa 120 000 bis 100 000 Jahren der klassische Neandertaler hervor.

In Afrika verlief die Weiterentwicklung aus dem *Homo antecessor* etwas anders. Vor etwa 600 000 Jahren hatte sich auch hier eine neue Form entwickelt. Im Gegensatz zum europäischen *Homo heidelbergensis* zeigen die afrikanischen Funde in ihrer Anatomie jedoch schon deutliche Tendenzen hin zum modernen Menschen (Bräuer 1996a). Funde mit diesen Merkmalen werden daher als früher archaischer *Homo sapiens* bezeichnet. Zu dieser Gruppe gehören z. B. die Schädelfunde von Bodo in Äthiopien und Kabwe in Sambia.

Im nächsten Schritt entwickelte sich aus dieser Form eine anatomisch noch modernere, der sogenannte späte archaische *Homo sapiens*. Entsprechende Funde stammen aus der Zeit vor 300 000 bis 200 000 Jahren. Vor 200 000 bis 150 000 Jahren ging aus dieser Gruppe der frühe moderne *Homo sapiens* hervor. Skelettreste stammen z. B. aus den Klasies-River-Mouth-Höhlen in Südafrika oder

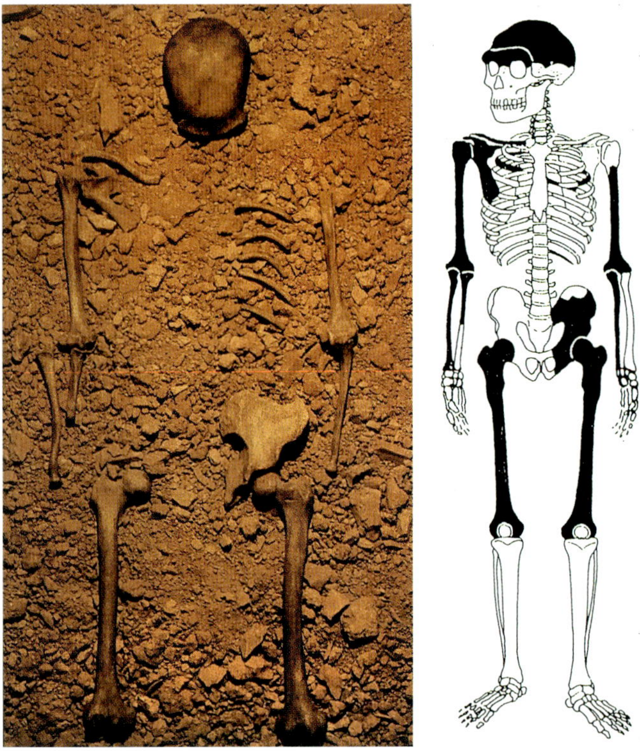

Skelettreste des Frühmenschen, der als erster als „Neandertaler" beschrieben wurde. Sie wurden 1856 im Neandertal bei Düsseldorf gefunden.
Photo: W. Rosendahl

aus Omo-Kibish in Äthiopien (BRÄUER 1996b). Vor etwa 120 000 Jahren begann die Auswanderung des frühen modernen *Homo sapiens* nach Asien und Europa.

Wie Funde aus den Höhlen von Skuhl und Qafzeh in Israel zeigen, war vor 100 000 Jahren der Nahe Osten erreicht. Die Skelettfunde aus den genannten Höhlen zeigen schon deutlich die Merkmale des modernen Menschen. Der Nahe Osten war die Drehscheibe für die Eroberung Asiens und Europas durch den modernen Menschen. Die ältesten Belege für unsere Art in Asien sind etwa 60 000 Jahre, in Europa etwa 40 000 Jahre alt. Während gesichert ist, dass zur Zeit der Einwanderung in Europa noch eine ältere Urmenschenart, der Neandertaler, existierte, ist eine ähnliche Situation in Asien, nämlich die Anwesenheit des *Homo erectus*, noch Gegenstand der Spekulation. Die Neudatierung der Fundstelle von Ngandong auf Java weist jedoch in eine solche Richtung (SWISHER et al. 1996).

Wie die Funde aus verschiedenen Höhlen Israels ebenfalls zeigen, begegneten sich Neandertaler und früher *Homo sapiens* nicht erst in Europa, sondern schon im Nahen Osten.

Seit dem namensgebenden Erstfund von 1856 aus dem Neandertal bei Düsseldorf (ROSENDAHL 2001) sind viele bedeutende Funde gemacht worden, die uns ein relativ gutes Bild vom Aussehen und Leben der Neandertaler vermitteln.

Eine der spannendsten Fragen in der Neandertalerforschung ist die nach dem Verschwinden dieser Menschengruppe (ROSENDAHL 1995). Neue Funde aus der Höhle von Zafarraya in Spanien belegen, dass die Neandertaler nicht, wie bis vor wenigen Jahren noch angenommen, vor 35 000 bis 40 000 Jahren ausstarben, sondern zumindest in Südeuropa noch bis vor 27 000 Jahren existierten (HUBLIN et al. 1995). Das belegt auch für Europa eine Koexistenz von *Homo sapiens* und Neandertaler über einen Zeitraum von mehreren Tausend Jahren.

Früher wurde das Verschwinden des Neandertalers mit einer gewalttätigen Verdrängung durch den „vermeintlich intelligenteren" modernen Menschen erklärt. Heute nimmt man zurecht Abstand von einer solchen Möglichkeit, denn das neue Bild des Neandertalers zeigt, dass er alles andere als primitiv war. Ein schlüssiger Grund für sein Aussterben kann bis heute dennoch nicht benannt werden.

Im Zusammenhang mit dem Verschwinden der Neandertaler wird auch die Frage heftig diskutiert, ob es bei einem friedlichen Nebeneinander vielleicht zur genetischen Vermischung beider Menschenformen gekommen sein kann. Wenn ja, könnte dies bedeuten, dass der Neandertaler zumindest mit dem heutigen Europäer verwandt wäre. Eine Antwort hatte man sich von der Untersuchung fossiler DNA aus Neandertalerknochen erhofft. 1998 wurde eine erste Analyse von Neandertaler-DNA präsentiert (KRINGS et al. 1997). Aufgrund der Ergebnisse schlossen die Forscher eine Vermischung der beiden Menschenformen aus. Der letzte gemeinsame Vorfahre von Neandertaler und modernem Menschen sollte demnach vor etwa 600 000 Jahren gelebt haben. Mittlerweile weiß man, dass die bisherigen Analysen nicht ausreichen, um eine solche Aussage zu machen.

Ebenfalls 1998 wurde unter einem Felsdach im Lagar-Velho-Tal in Portugal ein 24 500 Jahre altes Kinderskelett entdeckt (DUARTE et al. 1999). Nach Ansicht einiger Wissenschaftler handelt es sich um ein Kind mit anatomischen Merkmalen vom modernen Menschen und vom Neandertaler. Viele Wissenschaftler lehnen die Interpretation des Fundes als Nachkomme einer Mischlingspopulation jedoch ab. Dies alles zeigt, dass die Diskussion um das Verschwinden der Neandertaler immer noch offen ist.

Seit 40 000 Jahren spielt die biologische Evolution für die Weiterentwicklung der Menschen keine große Rolle mehr. Der Mensch dieser Zeit, auch oft Cro-Magnon-Mensch genannt, ist anatomisch nicht mehr vom heutigen Menschen zu unterscheiden. Ein anderer Entwicklungsprozess, die Kulturevolution, wird nun die Fortentwicklung bestimmen. Sie wird uns die Möglichkeit geben, uns über viele natürliche Grenzen hinwegzusetzen und damit in alle Regionen der Erde und sogar darüber hinaus vorzustoßen.

Wilfried Rosendahl

Die wichtigsten hier erwähnten Evolutionsstufen der Menschen sind auch in der Tabelle im Buchvorsatz erläutert.

Literatur:

Arsuaga, J.L. et al. (1993): Three new human skulls from the Sima de los Huesos Middle Pleistocene site in Sierra de Atapuerca, Spain. – Nature 362, S. 534–537.
Ascenzi, A. et al. (1996): A calvarium of late Homo erectus from Ceprano, Italy. – J. Hum. Evol., Vol. 31, S. 409–423.
Asfaw, B. et al. (1999): Australopithecus garhi: A new species of early hominid from Ethiopia. – Science, Vol. 284, S. 629–635.
Asfaw, B. et al. (2002): Remains of Homo erectus from Bouri, Middle Awash, Ethiopia. – Nature Vol. 416, S. 317–320.
Berg, A. von, Condemi, S. & Frechen, M. (2000): Die Schädelkalotte des Neandertalers von Ochtendung/Osteifel – Archäologie, Paläoanthropologie und Geologie. – Eiszeitalter und Gegenwart, 50, S. 56–68.
Bermudez de Castro, J.M. (1997): A hominid from the lower Pleistocene of Atapuerca, Spain: Possible Ancestor to Neandertals and Modern Human. – Science, Vol. 276, S. 1392–1395.
Bischoff, J. L. et al. (2003): The Sima de los Huesos Hominids Date to Beyond U/Th Equilibrium (L350 kyr) and Perhaps to 400–500 kyr: New Radiometric Dates. – Journal of Archaeological Science, 29, S. 275–280.
Bosinski, G. & Justus, A. (1996): Die Ausgrabungen in Dmanisi (Georgien, Kaukasus). – in: Mannheimer Gesch. Blätter, Beiheft 1 „Homo erectus heidelbergensis Kolloquium I/1995 ", S. 93–98.
Bräuer, G. (1996a): Entwicklung zum modernen Menschen in Afrika. – in Aiello & Bennicke (Hrsg.): „4 Millionen Jahre Mensch". – S. 56–57.
Bräuer, G. (1996b): Die ersten modernen Menschen. – in: Aiello & Bennicke (Hrsg.): „4 Millionen Jahre Mensch". – S. 58–59.
Brunet, M. et al. (1995): The first australopithecine 2500 kilometers west of Rift Valley (Chad). – Nature, Vol. 378, S. 273–275.
Brunet, M. et. al. (1996): Australopithecus bahrelgazali, une nouvelle espèce d'Hominidé ancien de l région de Koro Toro (Tchad). – C. R. Acad.Sci., t.322, série IIa, S. 907–913.
Brunet, M., et al. 2002. A new hominid from the Upper Miocene of Chad, Central Africa. Nature, Vol. 418, S. 145–151.
Carbonell, E. 1995: Lower Pleistocene Hominids and Artifacts from Atapuerca TD6 (Spain). – Science, Vol. 269, S. 826–830.
De Lumley-Woddyear, M.-A. (1973): Anténéandertaliens e Néandertaliens du Bassin Méditerranéen occidental européen. Etudes Quaternaires (Géol. Paléont. Préhist. mém 2. Université de Provonce), S. 626.
Duarte, C. et al. (1999): The early Upper Paleolithic human skele-

ton from the Abrigo do Lagar Velho (Portugal) and modern human emergence in Iberia. – Proceedings of the National Academy of Sciences, 96, S. 7604–7609.
Gibert, J. et al. (1996): Orce, Cueva Victoria and Cabezo Gordo project. – in: Mannheimer Gesch. Blätter, Beiheft 1 „Homo erectus heidelbergensis Kolloquium I/1995", S. 85–91.
Haile-Selassie, Y. (2001). Late Miocene hominids from the Middle Awash, Ethiopia. Nature Vol. 412, S. 178–181.
Hublin, J.-J. (1995): The Mousterian site of Zafarraya (Andalucia, Spain): Dating and implications on the Palaeolithic peopling processes of Western Europe. – Comptes Rendus de l'Academie des Sciences, série IIa: Sciences de la Terre et des Planètes, 321, S. 931–937.
Johanson, D. C. (1996): The dawn of human. Face to Face with Lucy's Family. – National Geogr. Vol. 189, No. 3, S. 96–117; Washington.
Johanson, D. C. & Edey, M. (1981): „Lucy. The Beginning of Humankind". – 490 S.; S.& S. New York.
Jones, S., R. Martin, and D. Pilbeam, eds. (1992). The Cambridge Encyclopedia of Human Evolution. – Cambridge: Cambridge University Press.
Krings, M. et al. (1997): Neandertal DNA Sequences and the Origin of Modern Human. – Cell, Vol. 90, S. 19–30.
Leakey, M. D. (1979): Footprints in the Ashes of Time. – National Geogr. 4/79, S. 446–457; Washington.
Leakey, M. G. (1995): The Farthest Horizon. – National Geographic, Vol. 188, No. 9, S. 38–59; Washington.
Leakey, M. G. et.al. (1995): New four-million-year old hominid species from Kanapoi and Allai Bay, Kenia. – Nature, Vol. 376, S. 565–571.
Leakey, M. G. et al. (2001). New hominin genus from eastern Africa shows diverse middle Pliocene lineages. Nature, Vol. 410, S. 433–440.
Manzi, G., Mallegni, F. & Ascenzi (2001): A cranium for the earliest Europeans: Phylogenetic position of the hominid from Ceprano, Italy. – Proc. Natl. Acad. Sci. USA, Vol. 98, Issue 17, S. 1011–1016.
Roberts, M.B. et al. (1994): A hominid tibia from Middle Pleistocene sediments at Boxgrove, UK. – Nature 369, S. 311–313.
Ronen, A. (1996): The earliest hominids in Israel. – in: Mannheimer Gesch. Blätter, Beiheft 1 „Homo erectus heidelbergensis Kolloquium I/1995", S. 99–102.
Rosendahl, W. (1995): Das Mysterium der Neandertaler. – Bild der Wissenschaft, Nr. 11/1995, S. 64–70.
Rosendahl, W: (2001): Neandertal und Neandertaler. – in Weidert, W.K. (Hrsg.): Klass. Fundstellen der Paläontologie, Band 4, S. 255 261.
Senut, B. et al. (2001): First hominid from the Miocene (Lukeino Formation, Kenya). – Comptes Rendus de l'Académie de Sciences, Vol. 332, S. 137–144.
Schrenk, F. et al. (1993): Oldest Homo and Pliocene biogeography of the Malawi Rift. Nature 365, S. 833–836.
Schrenk, F. (1996a): Ein neuer Vormenschen-Fund in Malawi/Zentralafrika. – Informationen aus dem Hess. Landesm. Darmstadt, Nr. 2/96, S. 37–38.
Schrenk, F. (1996b): Der Ursprung der Gattung Homo. – in: Mannheimer Gesch. Blätter, Beiheft 1 „Homo erectus heidelbergensis Kolloquium I/1995", S. 13–16.

Semaw, S. et al. (1997): 2,5-million-year-old stone tool from Gona, Ethiopia. – Nature, Vol. 385, S. 233–236.
Swisher, C.C. III et al. (1994): Age of the Earliest Knowen Hominids in Java, Indonesia. Science, Vol. 263, No. 5150, S. 1118–1121.
Swisher, C.C. III et al. (1996): Latest Homo erectus of Java: Potential Contemporaneity with Homo sapiens in Southeast Asia. – Science, Vol. 274, No. 5294, S. 1870–1874.
Vekua A. et al. (2002): A New Skull of Early Homo from Dmanisi, Georgia. – Science Vol. 297, S. 85–89.
Walker, A. & Leakey, R. (ed.) (1994): The Nariokotome Homo erectus Skeleton. Cambridge, MA: Harvard University Press.
Withe, T.D., Suwa, G. & Asfwa, B. (1994): Australopithecus ramidus, a new species of early hominid from Aramis, Ethiopia. – Nature, 371, S. 306–312.
Withe, T.D., Suwa, G. & Asfaw, B. (1995): Corrigendum to: Australopithecus ramidus, a new species of early hominid from Aramis, Ethiopia, – Nature, 375, S. 88.

Die Alt- und Mittelsteinzeitsammlung der Archäologischen Sammlungen der Reiss-Engelhorn-Museen Mannheim – Geschichte und Bedeutung

Die Archäologischen Sammlungen der Reiss-Engelhorn-Museen Mannheim besitzen eine aus ca. 27 000 Objekten bestehende, forschungsgeschichtlich international bedeutende Altsteinzeitsammlung (Stein- und Knochengeräte, Knochen-Kleinkunst), die vergleichbar ist mit den Beständen der großen Museen Frankreichs (Nationalmuseen in Les Eyzies, Dordogne, und Saint-Germain-en-Laye bei Paris) und Englands (British Museum, London).

Der Grundstein für diese Sammlung wurde im Jahre 1917 gelegt mit dem Ankauf des vor allem aus archäologischen und völkerkundlichen Objekten bestehenden Nachlasses des Münchner Malers Gabriel Ritter von Max durch die Stadt Mannheim. Seine im Laufe von 40 Jahren zusammengetragene außergewöhnliche Sammlung zur Kulturgeschichte des Menschen, deren archäologische Bestände einen Zeitraum von etwa 1 Million Jahren abdecken, war in Mannheim Ausgangspunkt für die Einrichtung eines Museums für Natur- und Völkerkunde und dann auch der Urgeschichte im Zeughaus, dem letzten profanen Bau des 18. Jahrhunderts aus der Zeit des Kurfürsten Carl Theodor.

Bis in die 1920er Jahre wurden durch die Stadt Mannheim mit finanzieller Unterstützung des Mannheimer Kaufmanns August Röchling drei weitere bedeutende Altsteinzeitsammlungen von dem Schweizer Archäologen, Ausgräber und Antiquitätenhändler Otto Hauser erworben, deren Bestände vor allem aus der Dordogne in Frankreich stammen.

Mit diesen Ankäufen besitzen die Archäologischen Sammlungen bedeutende und ausgewählte Funde von allen namengebenden Mutterstationen der europäischen Altsteinzeit aus Frankreich (Abbeville, St. Acheul, Aurignac, Chelles, La Gravette, La Madeleine, La Micoque, Le Moustier und Solutré) und von wichtigen Fundorten in England (Cambridge, Milton, Reading, Swanscombe). Ein Kleinod ist die Sammlung altsteinzeitlicher Knochen-Gravuren, -Reliefs und -Plastiken aus der Dordogne (Umgebung von Les Eyzies) mit einem Alter von ca. 27 000–12 000 Jahren. Die einmaligen Werke zeigen figürliche und nichtfigürliche Darstellungen, darunter den Grundriß einer Höhle, die älteste Plankarte der Welt. Selbst Perspektive ist bei einem schräg von hinten oben dargestellten Rentier erstmals belegt.

Forschungsgeschichtlich von herausragender Bedeutung sind Steingeräte der ersten wissenschaftlichen Ausgrabungen von Edouard Lartet und Henry Christy aus dem Jahre 1863 aus der Dordogne (Sammlung Lartet) sowie eine Silexklinge des Aurignacien aus Abbeville; letztere ist signiert und beschriftet mit der Jahreszahl 1839 von Jacques Boucher de Perthes (1788–1868), einem Begründer der

Altsteinzeitforschung, dies war 20 Jahre vor seiner wissenschaftlichen Anerkennung durch die Pariser Akademie.

Aus dem regionalen altsteinzeitlichen Kulturgebiet bestens ergänzt wurden die Archäologischen Sammlungen durch die Tätigkeit von Karl Fr. Hormuth, dem ehemaligen Leiter der Urgeschichtlichen Abteilung und Kustos des Zeughaus-Museums in Mannheim. Er sammelte in der Zeit von 1924–1932 am Fundort des *Homo erectus heidelbergensis* (Alter ca. 700 000 Jahre) in Mauer an der Elsenz in Baden insgesamt 222 Hornsteine, die aus der gleichen geologischen Fundschicht stammen wie der Unterkiefer. Im Jahre 1992 konnten insgesamt 29 dieser Steine als Geräte des altsteinzeitlichen Menschen identifiziert werden, so daß der Fundort Mauer neben seiner Bedeutung als geologischer, paläontologischer und anthropologischer Platz auch zu einem wichtigen archäologischen und damit kulturellen Platz des frühen Menschen in Europa wird.

Nach den schweren Zerstörungen Mannheims im Zweiten Weltkrieg wurden die geretteten Museumsbestände in verschiedenen Kellern provisorisch untergebracht. In einem dieser Provisorien begann Anfang der 1980er Jahre die Wiederentdeckung der in der Fachliteratur z.T. längst als verschollen geltenden altsteinzeitlichen Bestände durch Dr. Karl W. Beinhauer, seit 1981 Wissenschaftlicher Mitarbeiter der Archäologischen Sammlungen, seit 1990 deren Leiter, in Zusammenarbeit mit dem ehrenamtlichen Mitarbeiter, Biologen und Altsteinzeitforscher Dietrich Wegner.

An mittelsteinzeitlichen Beständen besitzen die Archäologischen Sammlungen Funde aus der Mannheimer Region wie Geräte und Werkabfälle von Siedlungen aus Mannheim-Vogelstang, Schultheißenbuckel, und Ilvesheim, Atzelbuckel.

Durch Ausstellungen, Publikationen und Fachtagungen wurden die altsteinzeitlichen Bestände der Archäologischen Sammlungen seither verstärkt in der Fachwelt bekannt gemacht. Mit der Ausstellung „MenschenZeit – Geschichten vom Aufbruch der frühen Menschen" werden die Bestände in zeitgemäßer Form der Öffentlichkeit zugänglich gemacht.

Karl W. Beinhauer, Inken Jensen

Entwicklung von Mensch, Klima und Umwelt

Nach heutigem Erkenntnisstand trennten sich die Entwicklungslinien von Menschen und Menschenaffen vor 7 Millionen Jahren. Seit dieser Zeit haben sich die Hominiden über zahlreiche Evolutionsstufen wie *Australopithecus, Homo habilis/rudolfensis, Homo ergaster/erectus, Homo antecessor, Homo heidelbergensis und Homo sapiens neanderthalensis* bis zur heutigen Form des *Homo sapiens sapiens* entwickelt.

Die allerfrühesten Menschenformen gab es zuerst in Afrika, seit etwa 2 Millionen Jahren dann auch in Asien und seit etwa einer Million Jahren in Europa. In Asien verlief die Entwicklung bis vor 60 000 Jahren eigenständig, in Europa bis vor 40 000 Jahren.

Die verschiedenen Gattungen und Arten von Menschen auf den jeweiligen Kontinenten bildeten sich in Wechselwirkung mit den Klimaschwankungen im Jungtertiär und Quartär und den damit verbundenen Umweltveränderungen heraus.

Vor ca. 40 000 Jahren wanderten die anatomisch modernen Menschen, die sich vor etwa 150 000 Jahren in Afrika entwickelt hatten, in Europa ein.

Das Quartär wird in Pleistozän, Eiszeitalter (1,8 Millionen bis etwa 11 500 Jahre vor heute), und Holozän, die Jetztzeit (seit etwa 11 500 Jahren), unterteilt.

Im Pleistozän wechselten sich Kalt- und Warmzeiten ab. Die Kaltzeiten, Glaziale, und Warmzeiten, Interglaziale, heißen nach den Fundorten der entsprechenden Ablagerungen, z. B. Würm oder Weichsel-Glazial.

Neue Bezeichnungen für die unterschiedlichen Klimaphasen sind die Sauerstoff-Isotopenstadien, OIS, sie wurden durch geochemische Untersuchungen an Tiefsee- und Eisbohrkernen ermittelt.

Die Analyse der Sauerstoffisotopen-Zusammensetzung in den Kernen ergibt ein Kurvendiagramm mit wechselnden Ausschlägen nach kalt oder warm, die Klimaschwankungen anzeigen.

Betrachtet man diese Kurvenabfolge von jung (heute) nach alt, so ist der Beginn ein warmzeitlicher Ausschlag, nämlich jener des sogenannten OIS 1. Das OIS 2 zeigt das Kältemaximum der letzen Kaltzeit. Das OIS 5e steht für die letzte Warmzeit. Die darauf folgenden Ausschläge mit geraden Zahlen sind Kaltzeiten, die mit ungeraden Zahlen Warmzeiten.

Die Schwankungen der Temperatur zogen Veränderungen in der Tier- und Pflanzenwelt nach sich, jede Epoche hatte vielfältige, klimatypische Arten. In den Warmzeiten war das Klima zum Teil wärmer und niederschlagsreicher als heute. Weite Gebiete waren mit dichten Laubmischwäldern bedeckt. Buchsbaum und Weinrebe konnten in diesen Zeiten bis nach Mitteleuropa vordringen.

Typische Tierarten der Warmzeiten waren z. B. Waldelefant, Berberaffe, Wasserbüffel und Flusspferd.

Mit dem Beginn von Kaltzeiten wanderten wärmeliebende Arten ab oder starben aus, kälteliebende wanderten ein. In den Kaltzeiten lebten hier typische Tiere der arktischen Tundra wie z. B. Mammut, Rentier, Wollnashorn, und Moschusochse.

Entwicklung und Gestaltung der Tabelle (Vorsatz vorne und Vorsatz hinten): W. Rosendahl/G. Rosendahl/G. Polikeit

4,6 Milliarden Jahre in einem Tag

Da die Zeitdimensionen der Erdgeschichte unser Vorstellungsvermögen übersteigen, wollen wir die 4,6 Milliarden Jahre, die die Erde alt ist, mit dem Ablauf eines Tages vergleichen:

Um 0 Uhr entsteht die Erde aus einer Wolke von Gas und Staub.

Die ältesten Gesteine finden wir kurz nach 3 Uhr, erste Lebensspuren – Aminosäuren und organische Kohlenstoffe – gegen 4 Uhr.

Hinweise auf die Existenz erster tierischer Organismen – Würmer – gibt es erst um 18.45 Uhr.

Blick auf den „langen Weg zum Menschen". Fossilien, den einzelnen Erdzeitaltern zugeordnet, säumen den Weg in die Ausstellung und verdeutlichen die unendlich lange Zeitspanne bis zur Entwicklung des Menschen

Trilobiten, Dreilappkrebse, aus dem Kambrium
Leihgabe des Ruhrlandmuseums Essen

Um 21.20 Uhr begegnen wir dem ersten fischartigen Vorfahren der Wirbeltiere.

Die ersten Pflanzen auf dem Festland finden wir gegen 21.50 Uhr.

Erste Landwirbeltiere, die Urlurche, folgen im Devon um 22.05 Uhr nach. Aus diesen entwickeln sich dann im Karbon um 22.20 Uhr die ersten Kriechtiere, sie bewegen sich in großen Farnwäldern.

Gegen 22.50 Uhr, in der Trias, treffen wir die ersten Dinosaurier und den ersten, mausgroßen Vorfahren der Säugetiere.

Der Urvogel „Archaeopteryx" gleitet um kurz nach 23.00 Uhr durch die Luft der Jurazeit.

Um 23.20 Uhr begegnen wir einer wichtigen Neuerung in der Pflanzenwelt, den Blütenpflanzen.

Gegen 23.40 Uhr, am Ende der Kreidezeit, sterben die Dinosaurier aus, wahrscheinlich infolge eines Meteoriteneinschlages. Nun ist der Weg für die Säugetiere frei, die sich um 23.45 Uhr schon in alle Lebensbereiche ausgebreitet haben. Zusammen mit Urpferdchen und Fledermäusen leben auch schon Affen in den Urwäldern des Alttertiärs.

Um 23.57 Uhr, im Jungtertiär, treffen wir den ältesten Vormenschen, aus dem sich über verschiedene Zwischenformen um 23.59 Uhr und 30 Sekunden der erste Frühmensch entwickelt.

Ein Kopffüßler, Ammonit, aus Holzmaden. Das Tier lebte im Jurameer vor 180 Millionen Jahren

Der frühe Mensch betritt Europa im Quartär um 23.59 Uhr und 50 Sekunden. 5 Sekunden später lebt in Mitteleuropa der *Homo heidelbergensis*, der Urmensch von Mauer bei Heidelberg.

Wir selbst, die modernen Menschen, treten in der letzten Sekunde des Tages auf.

In diese eine Sekunde fällt auch unsere gesamte Kulturentwicklung bis zum Jahre 0, dem Beginn unserer Zeitrechnung.

Ein auf Seeton erhaltenes Ahornblatt aus dem Tertiär

Willkommen in der MenschenZeit

Die Spuren, die Leben und Handeln der frühen Menschen hinterließen, finden wir bei Ausgrabungen: Knochen erzählen vom Aussehen und den körperlichen Fähigkeiten unserer Ahnen, Werkzeuge aus Stein von ihren Tätigkeiten. Bestimmt verwendeten die frühen Menschen noch viele weitere Materialien, zum Beispiel Holz, Tierhäute oder Knochen, doch die meisten dieser Werkstoffe blieben nicht über die Jahrhunderttausende hinweg im Boden erhalten.

Steinwerkzeuge dagegen sind nicht vergänglich, sie finden sich in großer Zahl. Deshalb bekamen die Zeitabschnitte, in denen sie entstanden, den Namen „Steinzeit".

Die Steinzeit wird benannt nach dem altgriechischen Wort für Stein, *lithos*, und den jeweiligen Altersbezeichnungen. Sie wird gegliedert in das

Paläolithikum (Altsteinzeit),
das drei Zeitabschnitte umfasst,

Altpaläolithikum
2,6 Millionen – 300 000 Jahre vor heute

Mittelpaläolithikum
300 000 – 35 000 Jahre vor heute

Jungpaläolithikum
38 000 – 11 500 Jahre vor heute

das **Mesolithikum** (Mittelsteinzeit)

Mesolithikum
11 500 – 7500 Jahre vor heute

und das **Neolithikum** (Jungsteinzeit).

Neolithikum 7500 – 4000 Jahre vor heute

Um unseren Besuchern die zeitliche Orientierung zu erleichtern, sind die Schrifttafeln in der Ausstellung am unteren Rand mit dem Namen des Zeitabschnittes versehen, in dem sie sich gerade befinden.

Die Funde und Befunde aus der Steinzeit erzählen, wie unsere Urahnen den Anforderungen des Überlebens in einer sich wandelnden Umwelt gerecht wurden, wie sie ihre Ernährung sicherstellten und sich gegen die Kälte schützten. Sie erzählen von Wandel und Anpassung, von Erfindungen und Entdeckungen, aber auch von Beständigkeit und Bewahrung des bereits Bewährten. Sie erzählen vom Zusammenleben der frühen Menschen, ihrer Fürsorge untereinander, von ihrem Umgang mit dem Tod und vom Geheimnis ihrer Spiritualität.

Deshalb haben wir in unserer neuen Ausstellung weniger die Typologie der Exponate oder die beträchtliche Reichhaltigkeit der archäologischen Sammlungen der Reiss-Engelhorn-Museen in den Mittelpunkt gestellt, sondern wir haben nach den Themen gefragt, die das menschliche Leben seit Urzeiten bestimmen: Wie stand es mit der Behausung? Was haben unsere Ahnen gegessen und wie kamen sie an diese Nahrung? Wie lebten sie ihre Spiritualität, und wann begannen sie Dinge zu erschaffen, die wir heute als Kunst bezeichnen? Manche dieser Fragen lassen sich annähernd beantworten, andere führen nur zu neuen Rätseln: Immer mehr jungpaläolithische Malereien an Höhlenwänden werden entdeckt, doch niemand weiß, warum sie letztendlich angefertigt wurden.

Weil wir unseren Besuchern Geschichten erzählen wollen vom Aufbruch der frühen Menschen und sie einladen möchten ins Abenteuer der Uranfänge, präsentieren wir unsere Exponate in Inszenierungen, die die äußeren Umstände und die Herausforderungen im Leben unserer Urahnen veranschaulichen.

Nicht nur der optische Sinn wird dabei angesprochen: Im Raum der „Maurer Waldzeit" zwitschern die Vögel, in der Höhle tropft und riecht es nach Erde, im Bereich der Eiszeit pfeift der kalte Wind. An den scharf geschliffenen Kanten eines Steines lässt sich die Wirkung dieses Windes heute noch erfühlen. In Höhle und Abri ist das „Wohngefühl" der Neandertaler nachvollziehbar, der Einbaum – nach einem Vorbild aus dem Mesolithikum – lädt zum Sitzen ein. Eine Weitung des Feuersteinbergwerkes darf ein Stück begangen werden, gebückt natürlich, denn mit vielen Mühen war die Gewinnung des begehrten Materials verbunden. War damals etwa schon „Schluss mit lustig", verdrängte eine industriell geprägte Lebensform die Geruhsamkeit der frühen Bauern und die Naturverbundenheit der letzten Jäger und Sammler?

Auf der Reise durch die MenschenZeit begegnen wir nicht zuletzt uns selbst. Was verbindet uns mit dem einst hier lebenden *Homo heidelbergensis*, dessen Schatten uns am Eingang der Ausstellung gegenübertritt?

Willkommen beim Abenteuer der MenschenZeit!

2 Erste Spuren der Menschen

Die frühesten Formen der Hominiden entwickelten sich in Afrika. Im Verlauf der stammesgeschichtlichen Entwicklung des Menschen gab es verschiedene Wanderungen aus den Ursprungsgebieten in andere Kontinente.

Mindestens drei Hauptauswanderungszüge lassen sich auf der Grundlage von Funden rekonstruieren. Diese Wanderungen sind nicht als „Einbahnstraßen" zu verstehen, sondern es gab auch Bewegungen in die Gegenrichtung.

Siehe dazu die beiden Karten S. 2/3 und 10/11

Eröffnung der Ausstellung „MenschenZeit". Die ersten Besucher vor der großen Tabelle „Entwicklung von Mensch, Klima und Umwelt"

Der Bohrkern aus Mauer

Etwa 14 km südöstlich von Heidelberg liegt die Gemeinde Mauer an der Elsenz. Vor 600 000 bis 700 000 Jahren bildete der Neckar hier eine Flußschlinge und lagerte große Mengen feinkörnigen Sandes ab. Diese „Mauerer Sande" wurden später in Sandgruben abgebaut, wobei der Grube Grafenrain besondere Bedeutung zukam.

Denn nachdem hier immer wieder urzeitliche Tierknochen zutage gekommen waren, wurde 1907 auch der Unterkiefer eines Urmenschen gefunden, der von Prof. O. Schoetensack von der Universität Heidelberg als *Homo heidelbergensis* beschrieben wurde.

Der hier ausgestellte 12 m hohe Bohrkern ist das Ergebnis der Forschungsbohrung „Mauer, Grafenrain II" vom Oktober 1991 in der Sandgrube Grafenrain.

Die Abfolge der Erdschichten ist zu erkennen. Die oberen Meter zeigen die „unteren Mauerer Sande", die Schichten, aus denen der Unterkiefer stammt.

Darunter folgen Tone und Kiese, die ebenso wie der Sand vom Neckar hier abgelagert wurden. Die unteren Meter bestehen aus unterem Muschelkalk.

Noch bis 1961 wurde in der Grube Grafenrain Sand abgebaut, doch weitere menschliche Skelettreste tauchten nicht auf.

Heute sind die Sandgruben, darunter auch die mittlerweile weltberühmte Fundstelle, mit Abraum verfüllt und überwachsen.

Waldelefant

Elephas [Palaeoloxodon] antiquus

Waldelefanten wanderten in den Warmzeiten zwischen 780 000 und 125 000 Jahren vor heute regelmäßig nach Mitteleuropa ein und lebten hier in den Wäldern. Am Ende der letzten Warmzeit vor etwa 110 000 Jahren starben sie hier aus.

Typisch für diese Elefantenart sind fast gerade nach vorne gestreckte Stoßzähne.

So wie hier dargestellt könnte es in einer Warmzeit vor fast 700 000 Jahren am Neckarlauf bei Mauer a. d. Elsenz ausgesehen haben.

Wissenschaftliche Rekonstruktion des Waldelefanten:
W. Schnaubelt & N. Kieser/WildLife Art

Waldelefantenschädel

Schädel eines Waldelefanten (*Elephas antiquus*) aus den Mauerer Sanden, gefunden 1887 in der Sandgrube Grafenrain in Mauer bei Heidelberg. Das geologische Alter des Schädels beträgt etwa 600 000 bis 700 000 Jahre.
Der Schädel gehörte zu einem erwachsenen, jedoch kleinwüchsigen bzw. im Wachstum gestörten Elefantenbullen.

Leihgabe: Geologisch-Paläontologisches Institut der Universität Heidelberg

Nur der linke Stoßzahn ist erhalten. Wie Veränderungen an der rechten Stoßzahnhöhle zeigen, hat das Tier den rechten Stoßzahn schon sehr früh verloren. Nach dem Verlust ist die Zahnhöhle verkümmert und hat sich fast geschlossen. In Ober- und Unterkiefer sind nur die hintersten Backenzähne und Reste der Backenzähne unmittelbar davor erhalten.

3 Frühe Menschen in Europa

Das Altpaläolithikum umfasst die Zeit von vor 2,6 Millionen bis vor etwa 300 000 Jahren.

Zu Beginn dieser langen Zeitspanne von 2,3 Millionen Jahren entstanden die ältesten bisher bekannten Steinwerkzeuge.

Aus dieser Zeit stammen auch die ersten Hinweise darauf, dass die Menschen sich Unterkünfte bauten und Jagdwerkzeuge entwickelten.

In dieser Epoche lebte der „älteste Mitteleuropäer", der *Homo heidelbergensis*.

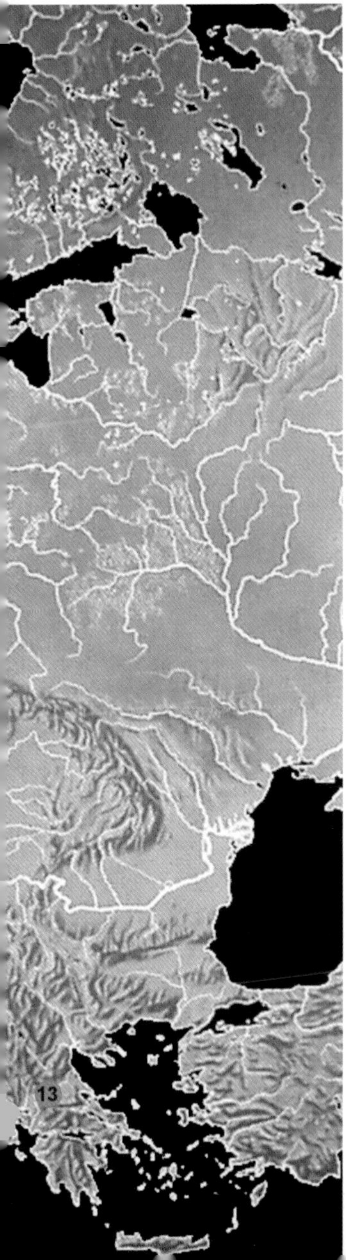

Für das Altpaläolithikum wichtige Fundstellen in Europa aus der Zeit von 1 Million bis 300 000 Jahren vor heute

1 Orce
2 Atapuerca
3 Tautavel
4 Terra Amata/Le Vallonnet
5 St. Acheul
6 Boxgrove
7 La Belle-Roche
8 Ceprano
9 Mauer bei Heidelberg
10 Dorn-Dürkheim
11 Bilzingsleben
12 Vertesszöllös
13 Petralona
14 Schöningen
15 Kärlich/Miesenheim
16 Stranska Skala
17 Soleihac
18 Abbeville
19 Clacton-on-Sea
20 Visogliano
21 Westbury-sub-Mendip
22 Swanscombe

Die Kultur des Altpaläolithikums

Zu einer „Kultur“ zählen für die Archäologen vor allem Artefakte, Gegenstände, die von Menschen hergestellt wurden. Menschen besitzen keine scharfen Krallen und Zähne, um zum Beispiel die Haut eines Tieres aufzuschlitzen. Zum Ausgleich dieses Nachteils entwickelten sie vor 2,6 Millionen Jahren die ersten Steinwerkzeuge aus Geröll. Diese Geräte heißen Geröllgeräte, ein oder mehrere Abschläge wurden von den Steinen abgesprengt, um eine scharfe Schnittkante zu erhalten.

Später erfanden die frühen Menschen die Faustkeile, eine Art „Universalgerät“.

Außerdem zeigen Kerne, dass gezielt Abschläge hergestellt wurden. Weiterbearbeitet dienten letztere zum Beispiel als Schaber, um Felle von Fleischresten zu reinigen, Holz zu glätten und zu vielem mehr.

Vermutlich vor einer Million Jahren entdeckten die Menschen Methoden, um Feuer zu entzünden. Sie konnten sich damit vor der Kälte schützen, es gab ihnen Licht und Sicherheit und die Ernährung verbesserte sich.

Im Altpaläolithikum entstanden auch die ersten „Behausungen“ wie Schutzwände und Hütten.

Was die allerersten Werkzeuge waren, wissen wir nicht, denn es wurden sicherlich natürlich gebrochene Steine oder Geröll zu verschiedenen Zwecken eingesetzt, denen man den Gebrauch heute nicht mehr ansieht. Die ältesten von den Vorfahren der Menschen hergestellten Werkzeuge sind nach heutigem Wissensstand 2,6 Millionen Jahre alt. Es handelt sich um kaum veränderte Abschläge von Geröllen, die zum Schneiden und Zertrümmern dienten. Geröllgeräte konnten z.B. zum Aufschlagen von Knochen, zum Spalten von Holz oder zum Schneiden von Fleisch verwendet werden. Sie waren aber auch Kerne, von denen man ihrerseits scharfkantige Abschläge gewann, die sich hervorragend zum Schneiden eigneten. Erst viel später tauchten die ersten Faustkeile auf.

Ein Fell, mit einem Abschlag durchtrennt, weist hier auf die Tauglichkeit eines solchen Gerätes hin. Mit Geröllgeräten lassen sich Langknochen verhältnismäßig leicht aufbrechen, wie es hier nach einem 400 000 Jahre alten Befund aus Bilzingsleben (Thüringen) gezeigt wird. Die Durchführung dieser archäologischen Experimente verdanken die Reiss-Engelhorn-Museen Rudolf Walter M.A., „Urgeschichte hautnah“

Abschläge wurden gezielt produziert und sind nicht nur Abfallprodukte der Faustkeil- oder Geröllgeräteproduktion. Sehr früh fingen die Menschen an, die abgetrennten Abschläge weiter zu bearbeiten, um sie zu formen oder um ihren Kanten bestimmte Eigenschaften zu geben. Sie konnten vielfältig eingesetzt werden, zum Beispiel zur Fellbearbeitung, zum Fleischschneiden oder vielleicht als Speerspitze. Alle Werkzeuge hier sind aus Feuerstein und stammen aus dem Acheuléen (450 000–250 000 Jahre vor heute)

Der Faustkeil, so allgemein bekannt, dass er fast das Wahrzeichen der Urgeschichte ist, ist weder das älteste Werkzeug der Menschheit noch das häufigste. Dank seiner Größe und seiner besonderen Bearbeitung wurde er jedoch als erster als Werkzeug der Urmenschen erkannt. Typische Faustkeile aus Feuerstein wie die hier ausgestellten wurden hauptsächlich zwischen 450 000 und 250 000 Jahren vor heute hergestellt. Die Kultur wird Acheuléen genannt, nach der Fundstelle St. Acheul in Nordfrankreich. Faustkeile dienten zur Holzbearbeitung, zum Fleischschneiden, zur Bearbeitung von Tierhäuten oder als Rohmaterialreserve

Besonders beeindruckend sind die ältesten Holzspeere der Welt, sie wurden in Schöningen gefunden. Vor 400 000 Jahren wurden sie schon so vollendet geschaffen wie moderne Wettbewerbsspeere. Sie beweisen, dass die Menschen damals jagten.

Aus Dorn-Dürkheim südlich von Mainz stammen 800 000 Jahre alte Steinwerkzeuge, die ältesten in Deutschland. Schon mindestens 100 000 Jahre vor dem *Homo heidelbergensis* lebten hier also Menschen.

Die Fundstelle Dorn-Dürkheim befindet sich 25 km südlich von Mainz im Rheinhessischen Hügelland. Neben zahlreichen Tierknochen wurden auch einige Artefakte entdeckt. Die Originale befinden sich im Senckenberg-Museum in Frankfurt, dem wir für die Abgüsse danken

Diese Werkzeuge gehören zu den ältesten der Welt. Sie stammen aus Afrika und sind zwischen 2,6 Millionen und 1 Million Jahre alt

Blick auf die Installation zum Thema „Urmensch von Mauer"

Unterkiefer des Menschen von Mauer

Der recht große und robust wirkende Unterkiefer wurde am 21. 10. 1907 in der Sandgrube Grafenrain in Mauer von dem Arbeiter D. Hartmann entdeckt und 1908 von Prof. Dr. O. Schoetensack von der Universität Heidelberg als *Homo heidelbergensis* beschrieben. Mit einem Alter von 600 000 bis 700 000 Jahren handelt es sich bei dem Menschen von Mauer um den zur Zeit ältesten Mitteleuropäer.

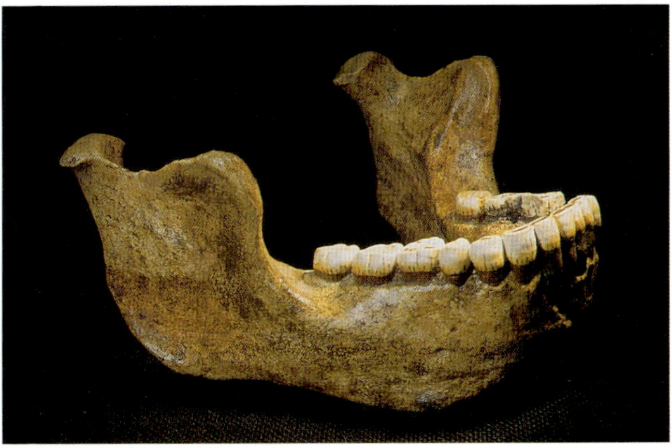

Der Unterkiefer gehörte einer erwachsenen Person von etwa 170 cm Körpergröße. Ob Mann oder Frau lässt sich nicht eindeutig bestimmen, doch der Größe und Schwere wegen tendieren einige Forscher dazu, den Unterkiefer einem Mann zuzuweisen.

Der Unterkiefer ist groß und massig, was auf eine kräftige Kaumuskulatur schließen lässt. Die Kieferäste laden weit nach den Seiten aus.

Ursprünglich waren alle 16 Zähne des Unterkiefers erhalten, aber der 3. und 4. linke Vorbackenzahn gingen in Folge von Kriegswirren 1945 verloren.

Die Zähne sind relativ klein, und alle zeigen Abkauungsspuren. Die Weisheitszähne sind ausgebildet. Das Zahnmuster zeigt, dass der Unterkiefer einem 20 bis 30 Jahre alten Menschen gehörte.

Auch Spuren von Entzündungskrankheiten sind zu erkennen: Eine leichte Eindellung am linken Kiefergelenk könnte von einer Arthrose stammen, und an den Schneidezähnen gibt es Hinweise auf eine leichte Parodontose.

Büstenrekonstruktion des Menschen von Mauer

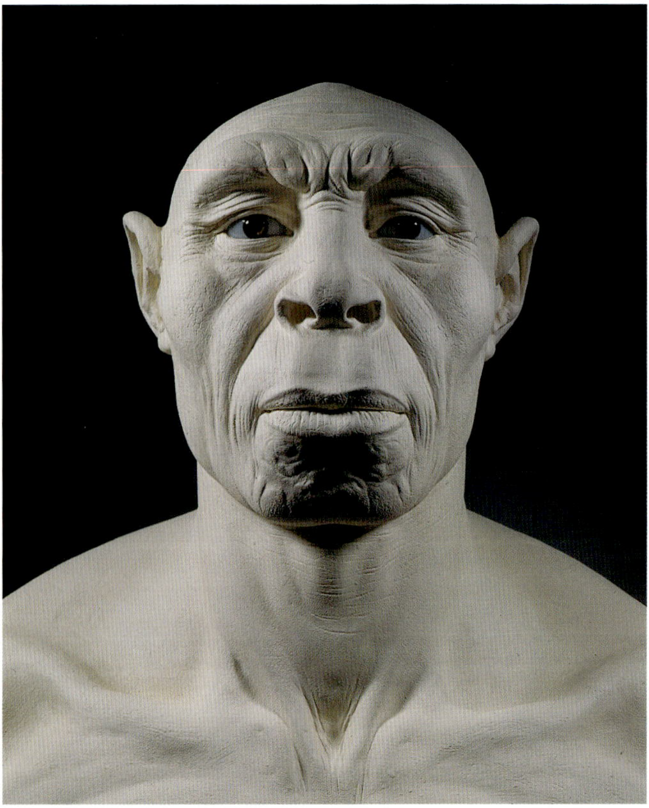

Von Ahngesicht zu Angesicht:
Eine Büstenrekonstruktion des Menschen von Mauer

In den Rekonstruktionen des Aussehens der frühen Menschen mischen sich Wissen, Spekulation und künstlerische Freiheit.

Aus der Größe und Gestalt des Unterkiefers des Menschen von Mauer kann auf die Form und Größe seines Oberschädels geschlossen werden. Weitere Details ergeben sich durch den Vergleich mit anderweitigen Knochenfunden der gleichen Menschenart.

Da sich die Ansatzstellen von Muskulatur und Gewebe auf den Knochen erkennen lassen und diese auch Rückschlüsse auf die Stärke der Muskeln zulassen, ist eine Rekonstruktion der Weichteile recht gut möglich. Hautfarbe, Augenfarbe oder die Behaarung eines Menschen sind aus den Knochen allerdings nicht zu erschließen.

Deshalb präsentieren wir die Büste des *Homo heidelbergensis* ohne Körperfarben und -behaarung.

Wissenschaftliche Rekonstruktion:
W. Schnaubelt & N. Kieser/WildLife Art

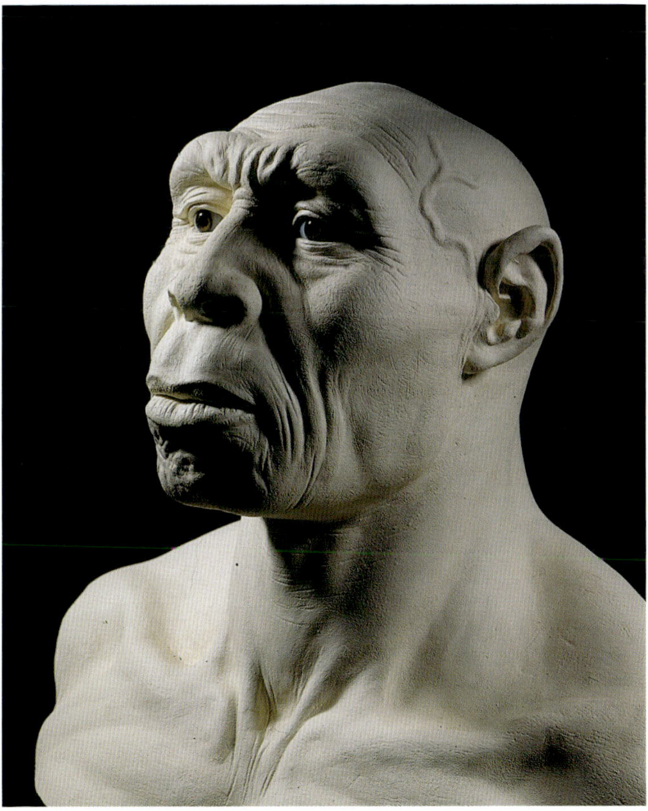

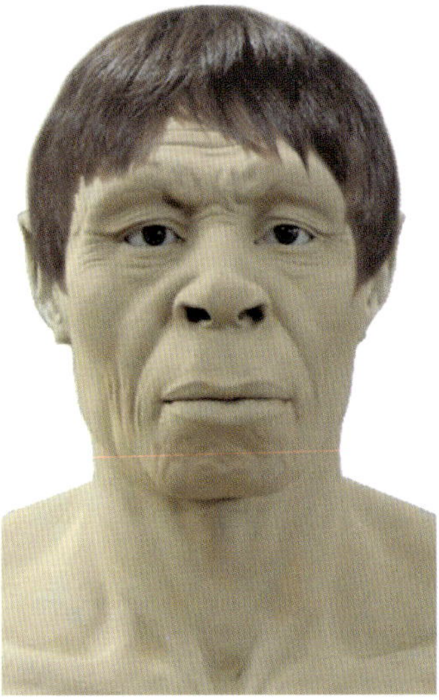

So ?

Der Computer bietet den Besuchern der Reiss-Engelhorn-Museen die Möglichkeit, sich Ihr ganz persönliches Bild von diesem Menschen zu machen. Wahlweise kann das Bild der Büste mit Haaren, einem Bart oder Bekleidung versehen werden, sie kann als Frau oder Mann gestaltet werden.

Oder so ?

Artefakte aus der Umgebung der Fundstelle des *Homo heidelbergensis*

Am Fundplatz des Unterkiefers wurden noch zahlreiche Tierknochen gefunden und einige Steinwerkzeuge, meist kleine Abschläge aus Hornstein, die noch weiterbearbeitet worden waren.

Die geringe Größe der Stücke ist für diese frühe Zeit nicht ungewöhnlich, auch altpaläolithische Werkzeuge aus anderen Fundstellen, zum Beispiel Bilzingsleben in Thüringen, sind sehr klein.

Alle Geräte bestehen aus Hornstein und stammen aus der Sandgrube Grafenrain bei Mauer bei Heidelberg, es handelt sich unter anderem, wie unten zu sehen, um einen Abschlag, einen Bohrer und ein gezähntes Stück. Sie sind 700 000 Jahre alt.

Knochen aus der Umgebung der Fundstelle des *Homo heidelbergensis*

Obwohl noch bis 1961 in der Grube Grafenrain Sand abgebaut wurde, konnten keine weiteren Skelettreste von Urmenschen gefunden werden. Doch die Fundschichten des Unterkiefers haben mehrere tausend Knochenreste von Tieren geliefert, die zeigen, dass der *Homo heidelbergensis* in einer Warmzeit lebte, die nach dem Fundort auch als „Mauerer Waldzeit“ bezeichnet wird.

Insgesamt sind aus den Mauerer Sanden 29 Säugetierarten bekannt. Typisch waren Waldelefant, Waldnashorn, Reh oder Flußpferd. Die gefundenen Tierarten geben auch Hinweise darauf, welche Landschaftstypen es damals in der Region gab: Biber und Flußpferd lebten in Flußauen, Wildschwein, Reh und Waldelefant brauchten offenen Wald und Steppenwisent, Wildpferd und Gepard eine Graslandschaft.

Knochen, die aus der Fundschicht des Unterkiefers in der Sandgrube Grafenrain bei Mauer stammen. Leihgaben des Staatlichen Museums für Naturkunde Karlsruhe

Die Pflanzenwelt bestand neben verschiedenen Gräsern und Sträuchern aus Heidekraut, Eichen, Birken, Fichten, Weiden, Ulmen, Lebensbäumen, Haselnuss, Hainbuchen und Wacholder.

In der Vitrine werden das Schädelstück eines kleinen Bisons (hinten links), das mit Kies verbackene Unterkieferstück eines Pferdes (Mitte), die Unterkieferhälfte eines Bären (vorne rechts), die Unterkieferhälfte eines Waldnashorns (hinten rechts) und Geweihstücke eines Rothirschs (vorne links) gezeigt.

Das Lackprofil im Hintergrund stammt aus der Sandgrube Grafenrain.

Steinschlagen – Eine Einleitung

Bearbeitete Steine sind die häufigsten Objekte, die aus der Urgeschichte überliefert sind. Sie wurden als Werkzeuge verwendet.

Nicht jede Art von Stein ist zur Herstellung eines Werkzeuges geeignet. Die als Rohmaterial dienenden Steine müssen hart sein und so brechen, dass scharfe, gerade und durchgehende Kanten entstehen.

Der Stein, von dem Stücke abgeschlagen werden, ist der Kern, und die Stücke selbst, die entweder mit einem Schlagstein oder einem Schlagstock vom Stein abgesprengt werden, heißen Abschläge.

Die Technik des Steinschlagens wird in der Ausstellung anhand einer Zusammenstellung von Werkzeugformen erläutert. Es gibt verschiedene Methoden, einen Abschlag vom Kern zu trennen, sie wurden im Rahmen der experimentellen Archäologie neu erprobt. Das obere Bild zeigt links oben einen Kern mit Abschlag, der modern nach der sogenannten Levalloistechnik hergestellt wurde. Dabei wird ein Kern so vorbereitet, dass die Abschläge eine vorherbestimmte Form bekommen. Rechts oben sind Klingen zu sehen, die nach Vorbildern aus dem Mittel- und Jungpaläolithikum hergestellt wurden. Das untere Bild zeigt einen Abschlag, Klingen, ein Lorbeerblatt und Kratzer, die die Farbenvielfalt des Feuersteins zeigen. Diese Steinwerkzeuge lassen sich auf vielerlei Arten verwenden und sind sehr wirkungsvoll

Bild oben:
Diese Werkzeuge aus Feuerstein sind auf beiden Seiten so fein bearbeitet, dass die Forschung sie als „Lorbeerblätter" oder „Weidenblätter" bezeichnet. Sie wurden entweder mit der Drucktechnik oder mit Hilfe eines Zwischenstücks hergestellt. Solche „Blätter" werden als die Meisterwerke der urgeschichtlichen Steintechnologie betrachtet.
Die größeren von ihnen dienten vermutlich als Messer, die kleineren als Speerspitzen oder sogar Pfeilspitzen, obwohl man bisher keinen Pfeil und keine Bögen aus dieser Zeit kennt

Bild unten:
Um bei der Herstellung eines Faustkeiles eine bestimmte Form zu erreichen und Unregelmäßigkeiten zu vermeiden, wurden für die Feinarbeit keine harten Schlagsteine verwendet, sondern weichere Schlagstöcke aus Hartholz oder Geweih, wie hier anhand moderner Nachbildungen nach Vorbildern aus dem Altpläolithikum (400 000–300 000 Jahre vor heute) gezeigt wird

Um eine Stelle auf dem Kern punktgenau zu treffen, kann ein Zwischenstück verwendet werden, das wie ein Meißel wirkt.

Es gibt viele Typen von Abschlägen, lange und sehr schmale heißen Klingen. Abschläge und Klingen können entweder sofort zum Einsatz gebracht oder mit einem Retuscheur noch feiner weiterbearbeitet werden, dieses Verfahren wird Retusche genannt.

Die unretuschierten Stücke werden von den Archäologen als Grundformen bezeichnet, die retuschierten als Steinwerkzeuge.

Faustkeile sind etwas besonderes, denn sie sind eigentlich behauene Kerne, die aber dann wie Steinwerkzeuge retuschiert wurden.

Die steinzeitlichen Sammlungen der Reiss-Engelhorn-Museen

Die bedeutende steinzeitliche Sammlung der Reiss-Engelhorn-Museen in Mannheim besteht zum großen Teil aus Sammlungen, die aus dem 19. und dem beginnenden 20. Jahrhundert stammen. Sie wurden von Gelehrten und Wissenschaftlern angelegt, die ein Leben lang typische und besondere Gegenstände aus dieser längst vergangenen Epoche zusammengetragen haben.

In einer solchen Sammlung sollten damals unbedingt Stücke aus den wichtigsten, namensgebenden Fundorten sein. So befinden sich in unseren Magazinen und in der Ausstellung zahlreiche Stücke aus so bekannten Fundstellen wie La Madeleine, Le Moustier, La Micoque, St. Acheul, Swanscombe, Laugerie Basse und Laugerie Haute, Cro-Magnon und La Gravette.

Da Frankreich und insbesondere der Südwesten Frankreichs extrem reich ist an ergiebigen Fundstellen, die zudem gut erforscht sind, bestehen unsere Sammlungen zum großen Teil aus französischen Stücken.

Die Anlage einer solchen Sammlung wäre heute nicht mehr möglich, da sich inzwischen das Bewusstsein durchgesetzt hat, dass archäologische Gegenstände unveräußerliche Kulturgüter und einmalige Zeugen unserer Vergangenheit darstellen.

Zu Recht dürfen die Fundstellen nur noch von den zuständigen Archäologen ausgegraben und erforscht werden. Nur dann werden die Befunde, die mindestens ebenso wichtig wie die Funde selbst sind, nicht zerstört und wichtige Informationen gehen nicht verloren.

Die Sammlungen der Reiss-Engelhorn-Museen zeigen so auch ein Stück Forschungsgeschichte.

Eine Auswahl aus den reichhaltigen Beständen der steinzeitlichen Sammlung der Reiss-Engelhorn-Museen: Schaber (oben) und Faustkeile (unten)

Exkurs: Höhlenbau in den Reiss-Engelhorn-Museen

In der Ausstellung begegnet uns nach dem Bereich des Altpaläolithikums eine naturalistisch nachgebildete Felswand mit Höhleneingang.

Bereits dieser Eingangsbereich überzeugt durch seine plastische Nachformung der Felsstruktur und die in Liebe zum Detail ausgeführte Gestaltung:

In den Gesteinsspalten wachsen Moose und Gräser, Käfer krabbeln die Felswand hinauf, und das Summen einer Biene lässt Erinnerungen an warme Sommernachmittage aufkommen. Durch den Eingang betreten wir eine Höhle mit 200 qm Gesamtfläche. In ihr hören wir das Echo unserer Schritte und das Tropfen von Wasser aus einem Rinnsal, es riecht dumpf nach feuchtem, modrigen Höhlenboden. In einer Felsnische schnarcht ein Höhlenbär, in einer anderen liegen die Skelettreste aus einer Neandertalerbestattung im Lehm.

Der naturalistische Gesamteindruck der Höhle wird allein durch die beleuchteten Felsnischen unterbrochen, in denen, geschützt durch Vollsicherheitsglasscheiben, die Exponate aus dem Bereich Mittelpaläolithikum präsentiert werden.

Die Struktur der Höhlenwand wurde in einem aufwändigen Verfahren von einer natürlichen Höhle originalgetreu „abkopiert". Im Frühjahr 2002 hat sich ein dreiköpfiges Technikerteam der Reiss-Engelhorn-Museen (Matthias Feuersenger, Präparator; Peter Will, Restaurator; Oliver Klaukien, Ausstellungstechnik) aufgemacht, um in der Karsthöhle „Hohler Fels" bei Schelklingen Teile der Felswände mit Silikon abzuformen. Dabei wurden sie von zwei angehenden Bühnenplastikerinnen des Nationaltheaters Mannheim (Sabine Birkenfeld und Julia Thoma) unterstützt. Für die Konstruktion des Höhleneingangs und des Abris, des Felsüberhangs am Ausgang, wurde im „Helgaabri" ebenfalls eine Silikonform hergestellt. Sie spiegelt die typische Oberflächenstruktur einer Frostklüftung, wie sie durch Frosteinwirkung auf Felsen entsteht, wider.

Im September begann dann der Aufbau der Höhle im Ausstellungsbereich. Mit Hilfe der Negativformen aus Silikon wurden im Museum Platten aus einer Art glasfaserverstärktem Modellgips hergestellt und dann auf einer Holzkonstruktion entsprechend dem vorher festgelegten Grundriss zusammengesetzt. Dabei waren die Plastikerinnen Katja Moll und Wiebke Hiltrop eine wertvolle Unterstützung des Aufbauteams, das unter hohem Zeitdruck arbeitete. Besondere Findigkeit erforderte die Verglasung der Felsnischen, da die Scheiben in die Wand eingelassen werden mussten. Nachdem dann die einzelnen Wandelemente kunstvoll miteinander verspachtelt, mit Kluftlöchern für die Belüftung versehen und mit Erdfarben getönt waren, zeigte sich der Unterschied zwischen dem von uns gewählten Abformungs- und Konstruktionsverfahren und der oft üblichen, nur andeutenden Modellierung einer Museumshöhle: Da die Höhle auch nach oben hin geschlossen wurde, vermittelt sie einen optisch sowie atmosphärisch realistischen Eindruck und versetzt die Museumsbesucher wirklich an einen anderen Ort. Hier werden sie selbst zu Höhlenforschern und entdecken neugierig die Steinzeit und die damalige Lebensweise mit eigenen Augen. Die anschauliche Anordnung der Exponate in den Vitrinen erklärt die Gegenstände und erläutert ihren Zweck. Akustiker und Parfümeure weiten durch ihre Installationen die Sinneserfahrungen in der Ausstellung auf Ohren und Nase aus.

Oliver Klaukien

Blick in die Höhle in der Ausstellung

4 Die Welt der Neandertaler

Im Mittelpaläolithikum (300 000–35 000 Jahre vor heute) lebten Menschenformen in Europa, die zur großen Familie der Neandertaler gehörten. Diese frühen Menschengruppen verfertigten jeweils sehr typische Steinwerkzeuge, so dass es möglich ist, mehrere kulturelle Varianten zu unterscheiden. Diese lassen sich jedoch nicht ohne Weiteres in einen chronologischen oder geographischen Rahmen einordnen.

Bis zum Übergang ins Jungpaläolithikum gab es insgesamt wenig erkennbare Entwicklungen.

Dieser Eindruck kann aber auf die viel geringere Dauer des Mittelpaläolithikums (±265 000 Jahre) im Vergleich zum Altpaläolithikum (±2,3 Millionen Jahre) zurückzuführen sein.

Die extrem geringe Besiedlungsdichte verhinderte die Verbreitung von Erfindungen. So kam es, dass neue Errungenschaften auftauchten und wieder verschwanden, um später an anderer Stelle als wiederum neu zu erscheinen.

Für das Mittelpaläolithikum wichtige Fundstellen in Europa aus der Zeit von 300 000 bis 28 000 Jahren vor heute

1 Zafarraya
2 Le Moustier
3 La Micoque
4 La Ferrassie
5 La Quina
6 Arcy-sur-Cure
7 Scladina
8 Neandertal
9 Ochtendung
10 Steinheim
11 Ehringsdorf
12 Salzgitter-Lebenstedt
13 Königsaue
14 Große Grotte/ Geißenklösterle
15 Bockstein
16 Sesselfelsgrotte
17 Kulna
18 Divje Babe
19 Vindija
20 Krapina
21 Saccopastore
22 Altamura

In Anlehnung an Befunde aus der Großen Grotte bei Blaubeuren (Baden-Württemberg) und der Grotte du Lazaret (Nizza, Frankreich) wurde in der Höhle ein Zelteinbau aus Holzstangen und Auerochsenfellen rekonstruiert

Höhlenmenschen? – Wohnen im Mittelpaläolithikum

Die Neandertaler waren Nomaden, die die Landschaft, in der sie lebten, gut kannten und ihre Lagerplätze sorgfältig aussuchten: In Höhlen oder unter Felsdächern finden sich Spuren ihres Aufenthaltes. Meist wurden nach Süden ausgerichtete Stellen zum Wohnen gewählt, damit die Sonne den Platz wärmen konnte. In manchen Höhlen haben sich Pfostenlöcher und Steinreihen erhalten, die auf einen Einbau hindeuten, wie er hier rekonstruiert ist. Auch Reste von Zelten unter freiem Himmel sind bekannt.

Beliebt als Wohnplätze waren ebenso Talhänge, da hier unterschiedliche Landschaftsformen aneinander grenzten und die ganze Vielfalt der Pflanzen und Tiere in der Umgebung genutzt werden konnte. Das Tal bot Wasser, Fische, Wasserpflanzen, Bäume und Waldtiere, auch große Herden auf ihren Wanderungen waren hier zu erwarten.

Die Hochflächen weiter oben waren von Kräutern und Sträuchern bewachsen und von Tieren belebt, die viel Bewegungsfreiheit brauchten, wie Wildpferden, Moschusochsen oder Löwen.

Zusammenleben

Menschen können sich mit Körpersprache, Gebärden oder Lauten verständigen. Damit sich aus bloßen Lauten Sprache entwickeln kann, bedarf es gewisser anatomischer Voraussetzungen wie einer bestimmten Stellung des Kehlkopfes und einer bestimmten Form des Zungenbeins. Die Entdeckung eines Zungenbeins, das Sprachfähigkeit belegt, bei einem Neandertalerskelett hat endgültig bewiesen, dass die Neandertaler sprechen konnten wie wir. Ihre Spra-

Bild unten:
Links liegen die Abgüsse des Zungenbeins eines Neandertalers und das eines modernen Menschen nebeneinander. Die Entdeckung dieses sehr fragilen Knöchleins bei einem ca. 60 000 Jahre alten Neandertalerskelett in Kebara, Israel, war eine kleine Sensation, denn damit war bewiesen, dass die Neandertaler in der Lage waren, so wie wir zu sprechen.
Schräg rechts hinter den Zungenbeinen liegt die aus Höhlenbärenknochen gefertigte Nachbildung eines ca. 43 000 Jahre alten Fundes aus Divje Babe, Slowenien. Es ist nicht ganz sicher, ob es sich hier um eine Flöte handelt, denn auch Hyänen können Löcher in Knochen beißen, wobei der Knochen aber eher zerbrochen wäre. Rekonstruktionen dieser Flöte lassen sich spielen. Rekonstruktion der Flöte: Ivan Turk.
Vorn in der Mitte liegen die Abgüsse der rechten und linken Elle eines Neandertalers aus der Feldhofergrotte, Neandertal, Nordrhein-Westfalen. Sie beweisen Fürsorge vor 40 000 Jahren: Der Mensch brach sich den linken Ellenbogen und wurde offensichtlich von der Gruppe versorgt, denn der Bruch heilte und er lebte noch lange mit teilweise gelähmtem Arm.
Der Abguss des 160 000 Jahre alten Schädeldaches eines Präneandertalers mit drei Steinwerkzeugen aus Ochtendung, Rheinland-Pfalz, ist rechts zu sehen. Der Umgang mit diesem Schädel könnte auf Ahnenkult schließen lassen.
Ein Rötelstück rechts vorne zeigt die rote Farbe, die sich in Gräbern des Mittelpaläolithikums findet. Möglicherweise wurde dieser rote Stoff nicht nur als bloße Farbe benutzt, sondern vielleicht auch als Symbol des Blutes und damit des Lebens verstanden

che muss uns unbekannt bleiben, ebenso wie ihr Umgang mit Tönen. Doch sie verstanden es, sie zu erzeugen, es sind Pfeifen aus durchbohrten Fingerknochen und möglicherweise auch eine Flöte erhalten geblieben. Bildet man diesen länglichen Gegenstand aus Knochen modern nach, zeigt es sich, dass er sich spielen lässt wie eine Flöte und modulierte Klänge erzeugt.

An Siedlungsplätzen fanden sich Dinge, die man „natürliche Kuriositäten" nennen könnte, wie zum Beispiel Fossilien, Kristalle und Erze aus teilweise sehr fernen Gegenden. Sie wurden wohl gesammelt, was auf die große Neugier der Neandertaler schließen lässt.

Auch Spuren von Fürsorge der Menschen untereinander sind erhalten: Der komplizierte, aber verheilte Bruch an der linken Elle eines Neandertalers zeigt, dass sich die Gruppe offensichtlich um ihn kümmerte, denn der Mensch lebte noch lange, obwohl sein Arm teilweise gelähmt war.

Das Schädeldach des Präneandertalers aus Ochtendung zeigt Schnittspuren. Die Kanten sind abgerundet, als sei mit dem Schädel in irgendeiner Weise über längere Zeit umgegangen worden. Drei Steinwerkzeuge, die nie benutzt worden waren, lagen bei ihm. Vielleicht ist dies ein Hinweis auf Ahnenkult, vielleicht wurde der Tote aus anderen Gründen verehrt.

Wahrscheinlich war das geistige Leben der Neandertaler weitaus vielfältiger und reicher als bisher angenommen.

Feuer

Die Feuerstelle findet sich bei Ausgrabungen sehr oft in der Mitte einer Ansammlung der unterschiedlichsten Artefakte. Das Feuer war wohl das Zentrum im Leben einer Gruppe, die sich darum versammelte, dort kochte, aß und arbeitete.

Die Vielfalt der Feuerstellen war groß und reichte vom einfachen, auf dem Boden entfachten Feuer bis zur Grube mit Lüftung über Steinkreisen, Windschutz und Kasten.

Doch die Werkzeuge zum Feuerentzünden sind zum größten Teil verschwunden. Um die Methoden zu erschließen, müssen wir deshalb auf Vergleiche aus der Ethnologie zurückgreifen, wo Bevölkerungsgruppen beschrieben werden, die archaische Techniken des Feuermachens noch verwenden.

Es gibt zwei Wege, ein Feuer zu entzünden: durch Reibungshitze, wie sie ein Feuerbohrer und auch moderne Streichhölzer erzeugen, oder durch Funkenschlagen, wie es mit einer Hämatit- oder Pyritknolle mit Feuersteinabschlag und auch noch mit unseren modernen Feuerzeugen möglich ist.

Blick in die Vitrine mit den Werkzeugen zum Feuerentzünden. Links ist der Feuerbohrer zu sehen

Das Feuer ermöglichte eine bessere Ernährung und das Überleben in der Kälte.

Die Neandertaler brieten wahrscheinlich ihr Fleisch, denn erhitzte und verbrannte Knochen sind an mittelpaläolithischen Fundstellen keine Seltenheit. Wie weit ihre Kochkünste ansonsten reichten, wissen wir nicht.

Sie haben keine Vorratsgruben angelegt, aber auch ohne Vorräte kann man den Winter überstehen, wenn man die Tiere, die keinen Winterschlaf halten, jagt und Wurzeln und Pflanzenzwiebeln ausgräbt.

Werkzeuge und Arbeitsmaterialien

Im Mittelpaläolithikum gab es eine große Auswahl an Steinwerkzeugen. Am weitesten verbreitet und am vielfältigsten waren Schaber, die für die Bearbeitung von Fellen und zum Schneiden von Fleisch eingesetzt wurden. Sehr feine, sorgfältig bearbeitete Schaber mit Spitze heißen Moustierspitzen, vielleicht dienten sie als Speerspitzen. Methoden der Abschlagsherstellung, die teilweise bereits im Altpaläolithikum entwickelt worden waren, wurden nun in verstärktem Maße angewandt, zum Beispiel die Levallois-Technik, mit der man Abschläge in einer vorher bestimmten Form erzeugen kann.

Manchmal wurden Rohmaterialien über Entfernungen von bis zu 100 km transportiert. Die Werkzeuge, die aus diesem Material hergestellt wurden, sind meist stark abgenutzt.

Die Zusammensetzung der Objekte an einer Fundstelle kann diese einer bestimmten Kultur zuweisen. In Europa gab es wahrscheinlich zwei große Kulturgruppen, benannt nach wichtigen Fundorten: im Westen das sogenannte Moustérien und in Mittel- und Osteuropa das Micoquien. Sie unterscheiden sich vor allem durch die Form ihrer Faustkeile.

Unter den zahlreichen Knochenresten aus den mittelpaläolithischen Fundstellen befinden sich nur wenige bearbeitete Stücke. Knochen wurden wahrscheinlich deshalb kaum zu Werkzeugen verarbeitet, weil damals viel Holz

Es gab im Mittelpaläolithikum eine große Auswahl an Steinwerkzeugen, wie hier zu sehen ist. Am weitesten verbreitet und am vielfältigsten sind die Schaber, die für die Bearbeitung der Felle und das Schneiden von Fleisch eingesetzt wurden

zur Verfügung stand. Mikroskopische Spuren an vielen Steinwerkzeugen zeigen, dass sie mit Holz geschäftet waren oder zur Holzbearbeitung gedient hatten, wie es zum Beispiel für gekerbte und gezähnte Geräte belegt ist.

Birkenpech ist eine klebrige Masse, die mittels Erhitzung aus Birkenrinde gewonnen wird, es ist der älteste „Kunststoff" der Welt und diente als Klebstoff.

Kleidung

Kleidungsstücke aus der Zeit der Neandertaler haben sich nicht erhalten, aber es gibt Hinweise darauf, dass Kleidung hergestellt wurde.

Jedes bearbeitete Material hinterlässt einen charakteristischen Schliff auf dem Werkzeug, der unter dem Mikroskop sichtbar ist. Die Analyse der Gebrauchsspuren ermöglicht es zu bestimmen, wozu ein Werkzeug gedient hat.

So konnte belegt werden, dass die für das Mittelpaläolithikum typischen und in großer Zahl gefundenen Schaber auch zur Fellbearbeitung und Abschläge zum Schneiden von Leder benutzt wurden. Auswertungen von Gebrauchsspuren auf Pfriemen zeigten, dass mit ihnen Leder durchstochen worden ist. Vor der Erfindung der Nähnadel wurden mit Pfriemen Löcher in das Leder gestochen und die Stücke dann mit Sehnen zusammen genäht. Die Sehnen wurden vorher so eingeweicht, dass das vordere Ende hart

Blick in die Vitrine mit Werkzeugen und Materialien, die man zur Herstellung von Kleidung brauchte: Oben Schaber zur Lederbearbeitung, unten Rekonstruktion eines geschäfteten Schabers bei der Bearbeitung von mit Rötel eingeriebenem Leder, unten rechts ein Pfriem und Sehnen

blieb und leicht durch das Loch gezogen werden konnte, und der Rest der Sehne geschmeidig wie ein Faden wurde. Wisentsehnen eignen sich besonders gut für dieses Verfahren.

Einen weiteren Hinweis liefern Funde des roten Minerals Ocker, das zum Gerben verwendet werden kann. Ockerverfärbungen wurden in Gräbern entdeckt und können als „Schatten" der nicht erhaltenen Kleidung gedeutet werden. Auch wurden Spuren von Ocker auf Schabern gefunden, die zur Fellbearbeitung gedient hatten.

Hinzu kommt, dass die Neandertaler das ganze Jahr über in unseren Regionen gelebt haben, deshalb mussten sie im Winter bekleidet gewesen sein, um nicht zu erfrieren.

Jagen und Sammeln

Die Neandertaler waren ausgezeichnete Jäger. Die an ihren Lagerstellen gefundenen Tierknochen zeigen, dass sie viele Tierarten erbeuteten, darunter auch Fische und Vögel.

Sie jagten in Gruppen, wahrscheinlich mit Holzspeeren als Waffen. Die Beute wurde am Jagdort mit Steinwerkzeugen geöffnet, ausgenommen und die besten Stücke dann zum Lager transportiert. Gegessen wurden außer dem Fleisch die Innereien, wahrscheinlich das Blut und das nahrhafte Knochenmark, wie an den Fundstellen viele Knochen mit typischen Brüchen belegen; die großen Knochen wurden aufgeschlagen, um an das Mark zu kommen.

Die Tiere lieferten noch weitere wertvolle Grundstoffe, wie Felle, Geweih oder Horn, Knochen und Sehnen.

Wahrscheinlich sammelten die frühen Menschen den größten Teil ihrer Nahrung, aber außer ein paar Fragmenten von Vogeleierschalen, Samen, Kernen, Blättern und Pilzen an den Lagerstellen ist nichts erhalten, was diese Tätigkeit näher illustriert. Die Neandertaler haben wahrscheinlich Früchte, Pilze, Nüsse, Beeren, Körner von Wildgetreide, Kräuter, Wurzeln, Schnecken, Muscheln, Insekten, Krebse, Schildkröten und Eier gesammelt und kleine Tiere in Fallen gefangen.

Wahrscheinlich hatten die Neandertaler auch Erfahrungswissen über die Wirkung von Kräutern und sammelten sie zu Heilzwecken.

Mittels des im Boden erhaltenen Blütenstaubes kann bestimmt werden, welche Pflanzenfamilien zu welcher Zeit wuchsen und vielleicht auch verzehrt wurden, so dass wir eine vage Vorstellung von der damaligen „Speisekarte" erhalten.

Nahrung und Werkzeuge zur Verarbeitung von Fleisch

Der zeitweise reich gedeckte Tisch der Neandertaler und mögliche „Speisepläne"

Speisekarte „Zur Warmzeit"

Spiegeleier vom heißen Stein
mit Dost- oder Bärlauchblättern,
fein gehackt
~
Rehkeule mit Wacholderbeeren gespickt,
saftig gebraten
dazu Pilz-Haselnuß-Wildmöhren-Sauerampfersalat
und Preiselbeeren
~
Wildfruchtsalat
je nach Saison mit Wildäpfeln, Wildbirnen,
Brombeeren, Erdbeeren, Blaubeeren oder Himbeeren
~
Dazu servieren wir Hagebuttentee, kalt oder warm.

Speisekarte „Zur Kaltzeit"

Rentierschinken
mit Thymian und getrocknetem Schnittlauch
~
Pferdesteak mit Beifuß gewürzt
dazu Meldenblätter- und Gänsefußblättersalat
und Wildgetreideklößchen
~
Blaubeeren und Erdbeeren
oder Bärentrauben und Moltebeeren
als Sorbet oder Salat, je nach Saison
~
Dazu wird ein Birkenbastgetränk
(nicht für Kinder geeignet)
oder ein Minztee serviert.

Die Gräber

Die frühesten uns bekannten Bestattungen stammen aus dem Mittelpaläolithikum. Manchmal lagen bei den Toten Beigaben wie Werkzeuge, Knochen und Geweihe, die vielleicht auf einen Glauben an ein Leben nach dem Tod hinweisen.

Die meisten der Toten wurden mit angewinkelten Armen und Beinen in einer Grube beerdigt.

Es gibt Fälle, in denen der Schädel, nachdem das Fleisch vergangen war, aus dem Grab entfernt wurde. Vielleicht wurde er danach an einem anderen Ort bestattet oder aufbewahrt.

Man fand auch aufgebrochene und verbrannte Neandertalerknochen, die zuerst als Beweise für – eventuell rituellen – Kannibalismus betrachtet wurden. Doch diese Spuren können ebenso von anderen Ritualen stammen, denn das Säubern der Knochen vom anhaftenden Fleisch bedeutet nicht, dass dieses Fleisch auch gegessen wurde. Es konnte im Rahmen von Gebräuchen, die uns unbekannt bleiben müssen, auch verbrannt, vergraben oder getrocknet werden.

Rötelverfärbungen in Gräbern lassen vermuten, dass die rote Farbe vielleicht als Symbol des Blutes und damit des Lebens verstanden wurde.

„Der Jüngling von Le Moustier"
Neandertalerbestattung aus Le Moustier, Dordogne, Frankreich
Moustérien, 60 000–40 000 Jahre vor heute
Abguss

Der Höhlenbär
Ursus spelaeus

Der Höhlenbär war etwa um ein Drittel größer als ein heutiger Braunbär, aufrecht stehend erreichte er eine Höhe von fast 3 m.

Er ernährte sich größtenteils von Pflanzen und zog sich zur Winterruhe und zur Geburt von Jungen tief in Höhlen zurück.

Bärenskelettreste wurden oft in Höhlen gefunden, da Knochen besonders gut in den kalkhaltigen Ablagerungen darin versteinern; dies gab dem Tier auch den Namen. Der Lebensraum des Höhlenbären war jedoch das Freiland.

Im Oberrheingebiet war diese Bärenart bis vor etwa 20 000 Jahren heimisch, dann starb sie aus.

5 Ankunft der modernen Menschen

Kulturwechsel

Zwischen ca. 40 000 und 32 000 Jahren vor heute veränderten sich die europäischen Kulturen. Typische mittelpaläolithische Werkzeugtypen und Grundformen vermischten sich immer mehr mit Formen, die zwar früher bereits existierten, aber nun große Bedeutung erlangten und allmählich die typischen mittelpaläolithischen Werkzeuge ablösten.

Vor allem die Bearbeitung von Knochen nahm zu und erforderte spezialisierte Arbeitsgeräte wie zum Beispiel den Stichel.

Die breiten Abschläge wurden zunehmend von Klingen, langgestreckten, dünnen und geraden Abschlägen, ersetzt. Die Standardisierung der Geräte nahm deutlich zu.

Zum ersten Mal tauchten Gegenstände auf, die als Schmuck bezeichnet werden können. Darüber hinaus erschien entlang der Donau und an manchen Stellen der Mittelmeerküste eine völlig neue Kultur, Aurignacien genannt, ihr verdanken wir die ersten Bildwerke.

Vor 40 000 Jahren erreichte der anatomisch moderne Mensch Europa, und der letzte Neandertaler starb vor 27 000 Jahren. Damit überlebte der anatomisch moderne Mensch als einzige Menschenart. Die Einzelheiten dieser Vorgänge gehören zu den großen Rätseln der Urgeschichte.

Typische mittelpaläolithische Werkzeuge und Grundformen, die nur sehr wenig Standardisierung aufweisen (links), stehen neben für das Jungpaläolithikum typischen Werkzeugen (rechts). Dies heißt nicht, dass letztere früher nicht existierten, aber sie wurden in dieser Zeit sehr wichtig und lösten die typischen mittelpaläolithischen Werkzeuge weitestgehend ab. Vor allem die Bearbeitung von Knochen nahm zu, wie das Halbfabrikat aus Geweih hinten rechts zeigt

Ausgerottet, ausgestorben, oder ? – Das Verschwinden der Neandertaler

Heute wird die Ansicht, dass die Neandertaler durch den anatomisch modernen Menschen ausgerottet wurden, nicht mehr vertreten.

Doch warum sind die Neandertaler verschwunden? Vielleicht aus biologischen Gründen, wie zum Beispiel einer zunehmenden hohen Kindersterblichkeit? Oder haben sie sich mit den modernen Menschen vermischt, so dass ihr Erbmaterial nach und nach in deren Genpool aufging? Funde belegen, dass Neandertaler und moderne Menschen mindestes 5000 Jahre lang gemeinsam nebeneinander in Europa gelebt haben.

1998 wurde die erste Analyse von Neandertaler-DNA präsentiert, die Ergebnisse schlossen eine Vermischung der beiden Menschenformen aus. Der letzte gemeinsame Vorfahre von Neandertaler und modernem Menschen sollte

Neandertalerin
Wissenschaftliche Rekonstruktion:
W. Schnaubelt & N. Kieser/Wild Life Art

demnach vor 600 000 bis 700 000 Jahren gelebt haben. Mittlerweile weiß man jedoch, dass die bisherigen Analysen für eine solche Aussage nicht ausreichen.

Ebenfalls 1998 wurde im Lagar Velho Tal in Portugal ein 24 500 Jahre altes Kinderskelett entdeckt. Es scheint anatomische Merkmale sowohl des modernen Menschen als auch des Neandertalers zu haben. Viele Wissenschaftler lehnen die Deutung des Fundes als Nachfahre einer Mischlings-Population jedoch ab. Dies alles zeigt, dass die Diskussion um das Verschwinden der Neandertaler immer noch offen ist.

Cro-Magnon-Mann
Wissenschaftliche Rekonstruktion:
W. Schnaubelt & N. Kieser/WildLife Art

Schädel eines Neandertalers im Vergleich mit dem eines anatomisch modernen Menschen

Nach dem modernen Menschen sind die Neandertaler die am besten erforschte Menschenform, denn die zahlreichen Funde von Skelettresten und Schädelfragmenten lieferten viele Informationen über ihr Aussehen und ihren Körperbau.
Neandertaler wurden im Durchschnitt 165 cm groß, moderne Menschen erreichen 175 cm. Generell ist das Skelett des Neandertalers gedrungener und robuster. Gut lassen sich die beiden Menschenformen anhand ihrer Schädel unterscheiden:
Der Neandertaler hat Überaugenwülste und eine fliehende Stirn. Seine Schädeldecke ist flacher als die des modernen Menschen, sein Kinn weicht zurück. Seine Jochbeine führen flach und schräg nach vorne und er hat keine Wangengruben. Dies lässt sein Gesicht, von vorne betrachtet, spitz erscheinen.

Neandertaler

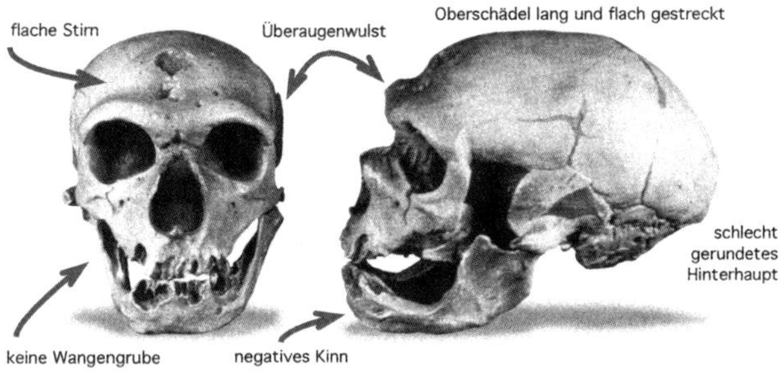

Moderner Mensch

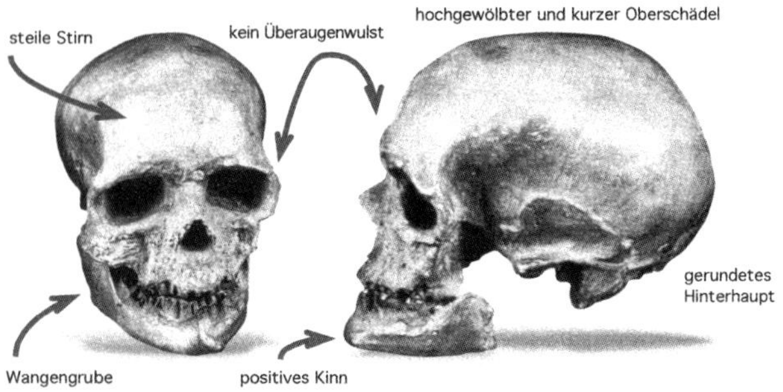

Graphik: W. Rosendahl/G. Polikeit

„Familientreffen"

Wir laden Sie zu einem „Familientreffen" an einem Spätsommertag vor 30 000 Jahren ein:

Neandertaler und moderne Menschen verbringen gemeinsam Zeit unter einem Felsdach. Während zwei Erwachsene an der Feuerstelle Vorbereitungen treffen, spielen zwei Kinder mit einer Maus. Eine weitere Frau bereitet ein Werkzeug zu, während aus dem Talgrund ein Mann mit einem erlegten Hasen hinauf zum Felsdach wandert.

Eine solche Szene könnte sich abgespielt haben, denn Neandertaler und anatomisch moderne Menschen besiedelten Europa über Jahrtausende hinweg gemeinsam.

Wir wissen in Anbetracht der geringen Besiedlungsdichte in dieser Zeit allerdings nicht, ob die beiden Gruppen überhaupt je aufeinandergetroffen sind und ob diese Begegnungen, wenn sie denn stattfanden, friedlicher oder gewalttätiger Natur waren. Es gibt nicht genug Daten, die das eine oder andere sicher belegen könnten. Es ist auch völlig ungewiss, ob sich die Menschen damals der Unterschiede bewusst waren, die wir heute zwischen ihnen feststellen und in den entsprechenden wissenschaftlichen Bezeichnungen ausdrücken. Die heutige Aufteilung in zwei Gruppen verführt leicht dazu, Gegensätze anzunehmen, die so wahrscheinlich nie empfunden wurden.

Die Inszenierung in der Ausstellung will denn auch keineswegs ein reales Bild aus der Vergangenheit nachstellen, sondern den Blick für Möglichkeiten offen halten. Im Laufe der Entwicklung existierten verschiedene Menschenarten über Jahrhunderttausende hinweg gleichzeitig nebeneinander. Dass es nun neben uns, den anatomisch modernen Menschen, keine andersgearteten Menschen mehr gibt, ist eine noch gar nicht so lange anhaltende Ausnahme in der Evolution.

Abb. S. 66/67 „Familientreffen"
Wissenschaftliche Rekonstruktion der Figuren:
W. Schnaubelt & N. Kieser/WildLife Art
Figurenbekleidung: Rudolf Walter M.A. „Urgeschichte hautnah"/Schelklingen

6 Höhlenmaler und Knochenschnitzer – Kunst der Eiszeit

Mit Kunstobjekten verhält es sich wie mit allen von Menschen hergestellten Gegenständen: Material und Umgebung sind maßgeblich für ihre Bewahrung. Höhlen sind schützende Räume, an deren Wänden sich Malereien und Reliefs und in deren Böden sich kleine Objekte, oft aus Knochen, erhalten konnten. So stehen für die Kunst des Jungpaläolithikums vor allem die Bilder in den reich ausgemalten Höhlen, von denen bis in jüngste Zeit immer wieder neue entdeckt wurden, und die Schnitzereien aus Knochen und Bein. Auf den Höhlenwänden sind meist Tiere zu sehen, gestaltet in so gekonnter Art und Weise, dass Picasso behauptete, die Bilder seien von keiner späteren Kunst übertroffen worden. Doch so faszinierend und großartig die Malereien des Jungpaläolithikums wirken, so viele Rätsel geben sie uns auf.

Denn wir wissen nicht, aus welchen Gründen diese Bildwerke geschaffen wurden. Sie waren den Menschen jedenfalls ein großes Anliegen, sonst hätten sie die gewaltigen Anstrengungen nicht auf sich genommen, die die Herstellung dieser Malereien in den oft schwer zugänglichen Höhlenbereichen zweifellos mit sich brachte.

Deutungsversuche gibt es viele:

Vielleicht gehörten die Bilder zu einem Jagdzauber, mit dem die dargestellten Tiere beschworen und für ihren Tod um Versöhnung gebeten werden sollten?

Vielleicht dienten sie mit ihren oft sexuellen Inhalten einem Fruchtbarkeitsritus?

Vielleicht lag ihnen ein Mondritual zugrunde?

Vielleicht liegen ihre Ursprünge in einem frühen Totemismus, in dem die Tiere die Schutzgeister der Clans oder Stämme verkörperten?

Vielleicht stellen sie die Geister dar, denen Schamanen bei ihren Seelenfahrten begegnen?

Vielleicht bildeten sie Mythen ab?

Und was bedeuten die Handabdrücke, die in vielen Fällen an den Höhlenwänden zu finden sind?

Steckt ein bestimmtes System in der Abfolge der Darstellungen?

Es ist überhaupt fraglich, ob diese Bilder und Zeichen überhaupt als Kunst bezeichnet werden sollen, denn der Begriff „Kunst" ist verhältnismäßig neu und wird der Frage, was hinter den steinzeitlichen Bildwerken steht, wohl nicht gerecht.

Bewegliche Kunst

Als bewegliche Kunst werden alle Figuren und verzierten Objekte bezeichnet, die transportabel sind. Dazu gehören reiche Funde von kleinen Gegenständen aus Höhlen in Frankreich, aber auch in Südwestdeutschland. Die Gestaltung ist sehr unterschiedlich, neben einfachsten, oft geometrischen Mustern finden sich ebenso figürliche Ritzzeichnungen als Verzierung auf Jagdwaffen, Harpunen und Lochstäben.

Man kennt auch eine große Anzahl an Plastiken aus Stein, Knochen, Elfenbein oder sogar gebranntem Ton, die vor allem Tiere darstellen. Wie die Höhlenbilder zeigen sie die Fähigkeit ihrer Schöpfer, in der Natur beobachtete Formen und Bewegungsabläufe ausdrucksvoll wiederzugeben.

Am bekanntesten dürften die „Venusstatuetten" sein, Frauendarstellungen, die wegen ihrer ausladenden Formen als Fruchtbarkeitssymbole gelten. Sie sind aus ganz Europa bekannt und weisen vielleicht auf weitverbreitete Glaubensvorstellungen hin.

Auch Anhänger und Perlen werden häufig gefunden, sie verzierten wohl Kleidung oder wurden am Körper getragen.

Die Vitrine zeigt Knochen mit figürlichen Ritzzeichnungen. Es handelt sich unter anderem um die Bilder von Rentieren (2 und 3), wobei eines von schräg oben dargestellt ist, die Bewegungsstudie eines Pferdes (6) und eine bisher nicht genau bestimmbare Zeichnung (11), die vielleicht den Grundriss einer Höhle wiedergibt. Sollte diese Deutung der ca. 34 000 bis 28 000 Jahre alten Knochengravierung zutreffen, handelte es sich um die älteste Planzeichnung der Welt

3

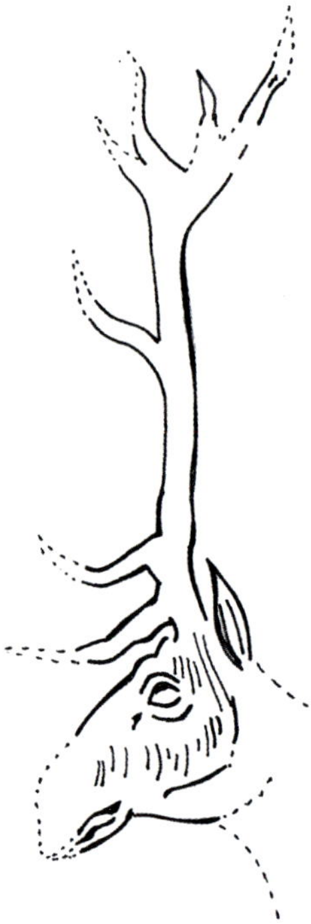

2

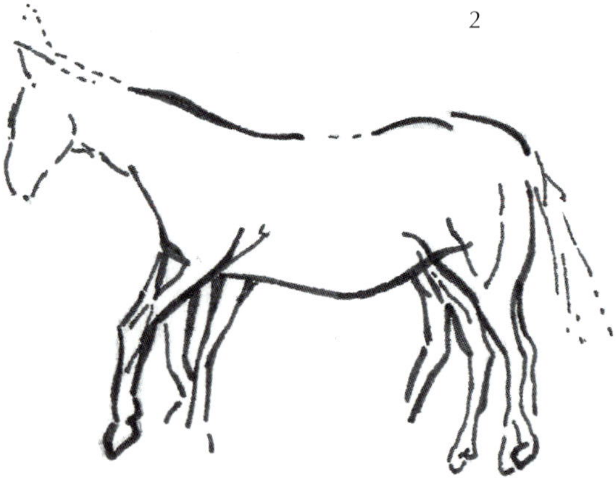

6

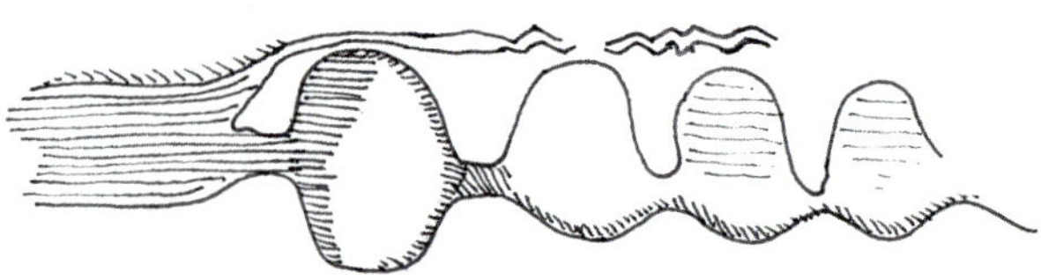

11

Ritzungen auf den Objekten Nr. 2, 3, 6 und 11

Steinwerkzeuge wurden bei der Herstellung der Wandbilder vielfältig eingesetzt: für Gravuren, zur Vorbereitung der Wände oder zur Fertigung von Skizzen vor dem Malen.
Stichel eignen sich hervorragend für Ritzungen, mit Klingen können größere Flächen glatt gekratzt werden. Licht spendeten Dochte aus Sehnen, Darm oder pflanzlichem Material, die in eine Fettmasse auf einer Lampe, wie sie links unten zu sehen ist, eingelassen und entzündet wurden

Wandkunst und Höhlenmalerei

Im Unterschied zur beweglichen Kunst ist die Wandkunst nicht transportabel. Man findet sie heute auf großen, abgestürzten Steinblöcken, unter Felsdächern, am Eingang und in den Tiefen der Höhlen.

Weil die Farbe sich an der freien Luft nicht erhalten konnte, sind uns aus den äußeren Bereichen nur Gravuren und Halbreliefs, eingeritzte, nicht im Detail ausgearbeitete

Ein Blick in die Höhle von Lascaux (Abb. auf S. 72/73)
Modell des „Saals der Stiere"
Die großen gemalten Auerochsen, die dem Saal ihren Namen gaben, nehmen in Originalgröße 4 bis 5 m auf den Höhlenwänden ein. Sie werden begleitet von Pferden, Hirschen, kleinen Rindern und einem fantastischen Wesen, das das „Einhorn" genannt wird.
Lascaux, Dordogne, Frankreich
Magdalénien, 15 000 – 14 500 Jahre vor heute
Leihgabe des Museums für Vor- und Frühgeschichte Berlin

Figuren, bekannt. Sie wurden mit Hilfe von Steinwerkzeugen eingeritzt oder eingemeißelt.

Die Malereien tief in den Höhlen wurden mit Farbpigmenten aus der jeweiligen Region ausgeführt, die natürlichen Pigmente wurden dafür zerstoßen, mit etwas Wasser vermischt und dann in manchen Fällen mit dem Mund an die Wand gesprüht. Es könnten auch kleine Röhrchen dazu benutzt worden sein. Bei manchen Bildern wurde ein Bindemittel für die Farbe benutzt wie zum Beispiel *Gummi arabicum*. Auch der Gebrauch von Pinseln lässt sich nachweisen.

Fettlampen leuchteten bei der Arbeit: Ein Docht aus Sehnen, Darm oder pflanzlichem Material wurde in eine Fettmasse eingelassen und entzündet. Dies ist neben dem Gebrauch von Fackeln eines der sicher belegten Beleuchtungssysteme des Jungpaläolithikums.

Dort wo die Erhaltungsbedingungen günstig waren, in den Höhlen Südfrankreichs und Spaniens, finden sich gemalte Bilder. Sie wurden oft zuerst eingeritzt und dann mit natürlichen Farben nachgearbeitet, entweder mit Pinseln oder durch Sprühen auf die Wand.

Die Menschen haben die Bilder den Formen der Höhlenwände angepasst und deren Unregelmäßigkeiten genutzt, natürliche Ausbuchtungen geben den Abbildungen Plastizität und Volumen.

Dargestellt wurden vor allem Tiere, meistens in einer sehr realistischen Weise. Die seltenen Menschendarstellungen sind oft unvollständig und schemenhaft.

Musik im Jungpaläolithikum

Dass die Menschen des Jungpaläolithikums Musik kannten, ist durch vielfältige Arten von Instrumenten belegt, wie zum Beispiel durch Flöten, Schwirrhölzer, Schlaginstrumente aus bemalten Mammutknochen, den „Knochenxylophonen“ oder Lochstäben mit einer Reihe von Einkerbungen, auf denen man mit einem Stab in der Art einer Ratsche hin- und herreiben konnte.

Es ist auch wahrscheinlich, dass Tropfsteine als Schlaginstrumente benutzt wurden, Spuren weisen darauf hin.

Die Vitrine enthält Musikinstrumente:
Oben: Rekonstruktion einer Flöte
Das im Geißenklösterle gefundene Stück ist das älteste, eindeutig als Flöte zu bezeichnende Musikinstrument der Welt.
Es zu spielen erfordert Geschick und viel Übung.
Das Original besteht aus einem Schwanenknochen und ist ungefähr 36 000 Jahre alt.
Rekonstruktion: Fritz Seeberger

Unten: Rekonstruktion eines Schwirrholzes
Wird das Schwirrholz an einer Schnur im Kreis durch die Luft geschwungen, erzeugt es zischende bis brummende Laute. Bis heute ist es bei manchen Naturvölkern ein wichtiges Intrument bei religiösen Ritualen.
Außer Holz können auch Knochen, wie hier, verwendet werden.
Rekonstruktion: Rudolf Walter, „Urgeschichte hautnah"

7 Leben der Mammutjäger

Das Jungpaläolithikum in Europa begann vor ca. 38 000 und endete vor ca. 11 500 Jahren, es umfasste mehrere Kulturen mit bestimmten gemeinsamen Merkmalen, unter anderem das Aurignacien, das Gravettien und das Magdalénien.

Die Entwicklung im Jungpaläolithikum scheint eng mit

dem modernen Menschen verbunden zu sein, der vor etwa 40 000 Jahren aus Afrika nach Europa einwanderte.

Zu dieser Entwicklung zählen die ersten künstlerischen Äußerungen.

Knochenmaterial wurde jetzt sehr viel häufiger zu Nutzgegenständen verarbeitet, die Steintechnologie wurde systematisiert und standardisiert.

Die Handelsbeziehungen erweiterten sich. Behausungen, Bestattungen und Kleidung erfuhren ebenfalls Veränderungen, doch die Menschen blieben weiterhin nomadisierende Jäger und Sammler.

Für das Jungpaläolithikum wichtige Fundstellen in Europa aus der Zeit von 38 000 bis 11 500 Jahren vor heute

1 Altamira
2 Aurignac
3 Grotte Chauvet
4 Lascaux
5 La Gravette
6 Cro-Magnon
7 La Madeleine
8 Laugerie
9 Solutré
10 Gönnersdorf
11 Hohle Fels/Geißenklösterle
12 Vogelherd/Hohlenstein-Stadel
13 Mas d'Azil
14 Pavlov
15 Bacho Kiro
16 Ahrensburg
17 Trou Magritte
18 Oelknitz
19 Lyngby
20 Molodova
21 Willendorf
22 Etiolles
23 Mannheim

Bestattung, Wohnung, Ernährung und Kleidung im Jungpaläolithikum

Bestattungen

Aus dem Jungpaläolithikum sind viele Bestattungen bekannt. Sie sind sehr vielfältig und spiegeln vermutlich eine komplexe Gesellschaftsstruktur wider. Grabbeigaben werden häufiger.

Schmuck findet sich in den Gräbern verhältnismäßig oft. Er besteht hauptsächlich aus durchbohrten Tierzähnen und Muscheln, seltener aus Knochen, Elfenbein oder Stein.

Aus der Anordnung von Reihen von Perlen oder aus der Musterbildung durch Schmuckgegenstände in den Gräbern versucht man, auf das Aussehen und den Schmuck der damaligen Kleidung zu schließen.

Lebensweise

In den Feuerstellen des Jungpaläolithikums sind aus Mangel an Holz oft Knochen verbrannt worden, auch Steinkohle wurde zum ersten Mal genutzt. Zum Brennen von Tonfiguren wurden die ersten Brennöfen gebaut.

Blick auf die wie eine Kiesgrubenwand gestaltete Vitrine mit den Funden zum Jungpaläolithikum. In der Mitte das Fenster mit dem vielleicht ältesten Bogen der Welt

Blick in den Ausstellungsbereich „Leben der Mammutjäger". Von der Decke hängt der Schädel eines Mammuts, *Mammuthus primigenius*. Das Mammut war ein typischer Bewohner der kaltzeitlichen Steppe. Es erreichte eine Höhe von bis zu 3,60 m und eine Länge von ca. 5,60 m. Die bis zu 120 Zentner schweren Tiere waren durch ein dichtes rotbraunes Fell vor der Kälte geschützt. Die mächtigen, geschwungenen Stoßzähne wurden bei der Suche nach Grasnahrung unter dem Schnee auch als Schneeschieber eingesetzt, um die empfindliche Rüsselspitze nicht zu verletzen.
Der hier gezeigte Schädelabguss des „Mammuts von Siegsdorf" stammt von einem 50jährigen Mammutbullen. Es handelt sich um das weltweit größte Mammut der letzten Eiszeit. Das fast vollständige Originalskelett ist im Naturkunde- und Mammut-Museum in Siegsdorf, Kreis Traunstein, zu sehen

Viele Erfindungen dieser Zeit dienten der leichteren Nahrungsbeschaffung: Die Speerschleuder wirkte wie eine Verlängerung des Armes und verlieh dem Speer eine viel größere Reichweite und Durchschlagskraft.

Angelhaken, Knebel und Harpunen belegen zum ersten Mal eine organisierte Fischerei.

Der Lochstab wurde benutzt, um die natürlich gekrümmten Knochen-Geschossspitzen kurz vor dem Schuss gerade zu biegen.

Eine weitere wichtige Erfindung ist die Nähnadel, sie ermöglichte es, das Leder in einem Arbeitsgang zu durchbohren und den Faden durch das Loch zu ziehen.

Blick in die Vitrine mit den Arbeitsgeräten, die der Nahrungsbeschaffung und der Herstellung von Kleidung dienten. Es handelt sich um Fischereigeräte wie Angelhaken und Harpune und um Jagdgeräte wie Speerspitzen und eine Speerschleuder.
Unten in der Mitte ist das Ledergerben mit Kratzer und Rötel modern nachgestellt. Eine wichtige Erfindung dieser Zeit ist die Nähnadel aus Knochen, wie die ausgestellten Funde aus dem Magdalénien (17 000–12 000 Jahre vor heute) zeigen. Glätter und Pfriem dienten ebenfalls der Lederbearbeitung.
Die Kette hinten rechts ist aus Eisfuchszähnen und zwischen 22 000 und 12 000 Jahre alt.
Oben rechts ist die mögliche Verarbeitung von Fasern zu sehen. Diese Rekonstruktion wurde nach einem in Pavlov gefundenen Abdruck angefertigt, der den ältesten Beweis der Welt für Weberei darstellt. Ob die ursprünglichen Fasern tatsächlich aus Brennnesseln waren, wie hier verwendet, wird heftig diskutiert. Die Rekonstruktion verdanken wir Rudolf Walter M.A. „Urgeschichte hautnah“

Harpune. Knochen, Jungpaläolithikum, 17 000 – 12 000 Jahre vor heute

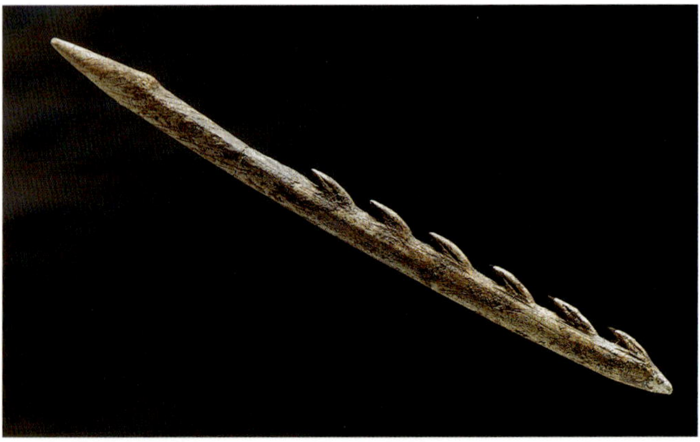

Rekonstruktion eines Brennesselgewebes nach dem Befund von Pavlov, Tschechien. Pavlovien 27 000 – 25 000 vor heute.
Rekonstruktion: Rudolf Walter

„Weidenblätter" aus Solutréenspitzen. 21 500 – 17 000 Jahre vor heute

Technologie des Jungpaläolithikums

Stein

Typisch für das Jungpaläolithikum ist die Herstellung von Klingen, die bei einer Breite von 1–2 cm länger als 30 cm sein konnten. Sie konnten entweder sofort verwendet wer-

Aus dem Jungpaläolithikum sind so gut wie keine Funde aus vergänglichen Materialien wie Holz, Gras, Fellen oder Sehnen erhalten. Es gibt sogar noch weniger als das, was aus früheren Epochen überliefert ist. So ist das leicht gebogene Stück aus Kiefernholz rechts gleich zwei Mal etwas besonderes, denn es handelt sich vielleicht um den ältesten Bogen der Welt. Es ist 17 600 Jahre alt und stammt aus Mannheim-Vogelstang. Der bisher bekannte älteste Bogen der Welt ist um die 8000 Jahre alt, dieses Stück ist mehr als doppelt so alt. Es stammt aus einer Zeit, aus der wir Steinwerkzeuge kennen, die als Pfeilspitzen gedeutet werden, ohne dass man aber Bögen oder Pfeile gefunden hätte. Viele typische Merkmale fehlen auch, deshalb ist Vorsicht geboten. Doch das Stück zeigt auch, dass zu dieser Zeit nach dem Hochglazial bereits wieder Bäume wachsen konnten.
Das bearbeitete Stück Kiefernholz links stammt ebenfalls aus Mannheim und ist 32 000 Jahre alt. Holzartefakte aus dieser Zeit sind sehr selten und deshalb ist dieses Stück an sich eine Rarität. Es wurde angespitzt, aber wozu es diente, ist unklar.

Die Vitrine zeigt Arbeitsgeräte des Jungpaläolithikums. Links ist ein Klingenkern aus Feuerstein mit Klingen und Schlagabfällen zu sehen, gestaltet nach einem Vorbild aus dem Magdalénien (17 000–12 000 Jahre vor heute). Der Schlägel besteht aus Geweih.
Es folgen Stichel, Lamellen, Kratzer, Rückenmesser, Pfeilspitzen, Bohrer und viele andere Werkzeuge und Geräte wie eine Harpune, ein Angelhaken und ein Lochstab.

den, zum Beispiel als Messer, oder sie wurden durch Retusche zu Werkzeugen für weitere Zwecke geformt. Die Solutréen-Spitzen sind, technisch gesehen, die Nachfolger der Faustkeile. Für die Herstellung der „Lorbeerblätter" wurde der Stein erhitzt und anschließend mit einem Schläger aus Geweih bearbeitet. Die „Weidenblätter" wurden mit Hilfe von Druck hergestellt. Sie dienten je nach Größe als Messer oder als Speerspitze. Vor 17 000 Jahren erschienen eine Reihe von kleinen Spitzen, die eventuell nicht nur als Geschossspitzen sondern auch als Pfeilspitzen gedient haben könnten. Da aber für diese Zeit noch kein Bogen sicher belegt ist, handelt es sich hier um Vermutungen.

Knochen, Geweih, Elfenbein

Im Jungpaläolithikum treten bearbeitete Gegenstände aus Knochen, Geweih und Elfenbein in vorher nicht gekannter Häufigkeit auf. Dies könnte mit der Verschlechterung des Klimas zusammenhängen, die die Bäume weitgehend verschwinden ließ und so die Menschen zwang, andere Materialien zu benutzen. Für die Bearbeitung von Knochen, Geweih und Elfenbein wurde ein besonderes Werkzeug eingesetzt: der Stichel. Er ermöglichte es dank seiner stabilen Arbeitskante, tiefe Rillen in den Rohstoff einzuritzen und so Teile abzulösen. Diese Teile konnten dann weiterverarbeitet werden, in dem sie zum Beispiel poliert wurden, um sie glatt und/oder spitz zu bekommen. Anschließend wurden die letzten Feinarbeiten durchgeführt, zum Beispiel Durchbohrungen angebracht an einer Nähnadel oder einem Lochstab, Striemen, um die Festigkeit einer Schäftung zu erhöhen, oder sogenannte Blutrillen und Verzierungen.

Pferdejäger am Rhein vor 12 500 Jahren

Zwischen 1968 und 1976 wurden in Gönnersdorf am linken Rheinufer gegenüber der Stadt Andernach archäologische Ausgrabungen durchgeführt, die unter einer vulkanischen Ascheschicht eine Pferdejägersiedlung des Magdalénien freilegten. Die Jäger lebten hier vor etwa 12 500 Jahren in einer gemäßigten Klimaphase am Ende der letzten Eiszeit.

Die Hänge links und rechts des Flusses waren mit Lößboden bedeckt, auf dem Gräser und wenige Wacholderbüsche wuchsen. Durch diese offene Steppenlandschaft des Rheintals zogen sommers wie winters Pferdeherden, wegen diesen hielten sich die Menschen hier auf.

Bild oben:
Das Pferdejägerzelt von außen

Bild unten:
Blick in den Innenraum des nach den Befunden von Gönnersdorf rekonstruierten Pferdejägerzeltes

Die Jäger wohnten in Zelthütten unterschiedlicher Größe. Pferdefelle, die über ein Holzstangengestell gelegt wurden, bildeten Dach und Wände. Der Boden innen war mit Schieferplatten gepflastert. Eine kleine Feuerstelle diente der Zubereitung von Nahrung und spendete Licht und Wärme. In einer solchen Behausung wohnten mehrere Personen. Vergleichbare Zelthütten wurden noch bis in unsere Zeit von den Inuits in Grönland verwendet.

Das Zelt aus Pferdefellen und Holzstangen wurde in Annäherung an die Befunde der Gönnersdorfgrabungen rekonstruiert.

Neben den Spuren der Behausungen wurden bei den Grabungen auch zahlreiche Schieferplatten mit Ritzzeichnungen entdeckt, die Menschen und Tiere darstellen.

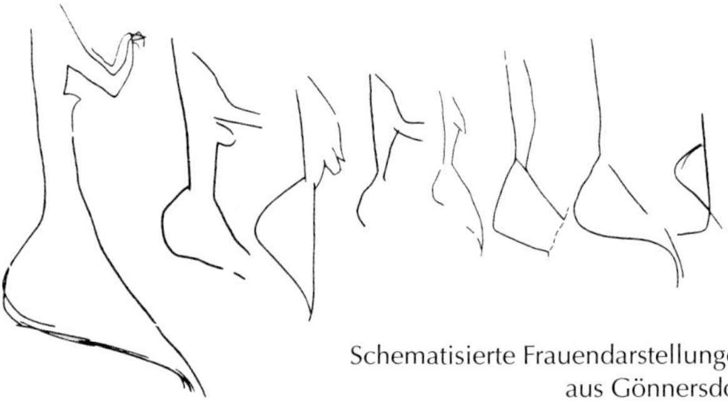

Schematisierte Frauendarstellungen aus Gönnersdorf

Klima und Umwelt im Jungpaläolithikum

Die Wälder verschwanden fast ganz. Die Landschaft bestand nun großteils aus Grasflächen mit Zwergbäumen und Sträuchern. In dieser arktischen Tundra lebten Mammut, Wollnashorn, Rentier, Wildpferd, Vielfraß und Schneehase.

Die veränderte Umwelt hatte auch Einfluss auf das Leben der Menschen. Die ausgedehnten Wanderungen der verschiedenen Tierherden erforderten von ihren Jägern hohe Mobilität und damit eine entsprechende Organisation des täglichen Lebens.

Wolf (*Canis lupus*)
Die Wölfe unterschieden sich nicht von den heutigen. Sie jagten meist Hirsche, Pferde oder Antilopen, seltener junge Mammuts. Vor ca. 14 000 Jahren wurden die ersten Wölfe von Menschen zu „Haushunden" gezähmt.

Wildpferd (*Equuus caballus*)
Wildpferde, zu erkennen an ihrer Stehmähne, lebten in der offenen Steppe und in lichten Wäldern.

Mit der Ausbreitung der Wälder am Ende der letzten Kaltzeit zogen sich die Tiere in die asiatischen Halbwüsten zurück. Zu diesen ursprünglichen Pferdearten gehörte das Prezwalskipferd, es hat dort überlebt.

Rentier (*Rangifer tarandus*)
Rentierherden gab es in den offenen, baumlosen Steppen- und Tundralandschaften. Sie fraßen Gräser und Halbsträucher, im Winter auch Flechten. Sie waren die wichtigste Jagdbeute der Menschen.

Von links nach rechts: Prezwalskipferd, Vielfraß, Schnee-Eule, Rentier und Wolf

Schnee-Eule (*Nyctea scandiaca*)
Schnee-Eulen mögen Landschaften, die eine gute Rundumsicht ermöglichen. So erspähen sie rechtzeitig Feinde und auch Beute. Sie sind dämmerungs- und -tagaktiv, jagen aber auch bei Nacht. Sie fressen Lemminge, Schneehasen und Schneehühner. Heute gibt es Schnee-Eulen nur noch in den nördlichen Tundren.

Vielfraß (*Gulo gulo*)
Vielfrasse sind eine Marderart und leben von kleinen Säugetieren. Noch zur letzten Kaltzeit waren Vielfrasse auch in unserer Region heimisch.

Die scharfen Kanten des Windkanters können ertastet werden

Die Spuren der eiszeitlichen Winde

Während der Kaltzeiten gab es in den aus Kiesen und Sanden gebildeten Flußbettflächen des Rheintales kaum Pflanzenbewuchs. Die feinen Bestandteile der sandigen Ablagerungen konnten deshalb durch den Wind aufgenommen und fortgeblasen werden. Mit dieser Sand-Staub-Last wirkte der Wind auf am Boden liegende Gesteinsstücke wie ein Sandstrahlgerät: Die Steine wurden so facettenartig zugeschliffen. Durch den Schliff sind einzelne Flächen glatt ausgebildet und dort, wo sie aneinander stoßen, sind deutliche Kanten entstanden. Man bezeichnet ein solches Gestein daher als Windkanter. Das ausgestellte Stück wurde in der letzten Eiszeit vom Wind geformt.

Leihgabe Dr. Wilfried Rosendahl

Diese Tabelle verdeutlicht, dass mit dem Jungpaläolithikum nicht nur neue Werkzeuge und Techniken aufkommen, sondern dass sich immer mehr „Kulturen" ausbilden, die sich immer schneller ablösen und immer zahlreicher werden. Sie werden vor allem aufgrund ihrer Steinwerkzeuge unterschieden, Knochen- und Geweihwerkzeuge spielen jedoch auch eine große Rolle.
Von der gesellschaftlichen Struktur der jeweiligen Gruppe wissen wir allerdings nur wenig.
Diese Tabelle konnte zugunsten der Lesbarkeit nicht alle Zwischenstufen und Kleinstvariationen berücksichtigen.
Quelle: DJINDJIAN, F.; KOZLOWSKI, J.; OTTE, M. (1999): Le Paléolithique supérieur en Europe.- Collection U; Ed. Armand Collin; Paris; 474 S.
Graphik: G. Rosendahl

Kulturen des Jungpaläolithikums in Europa

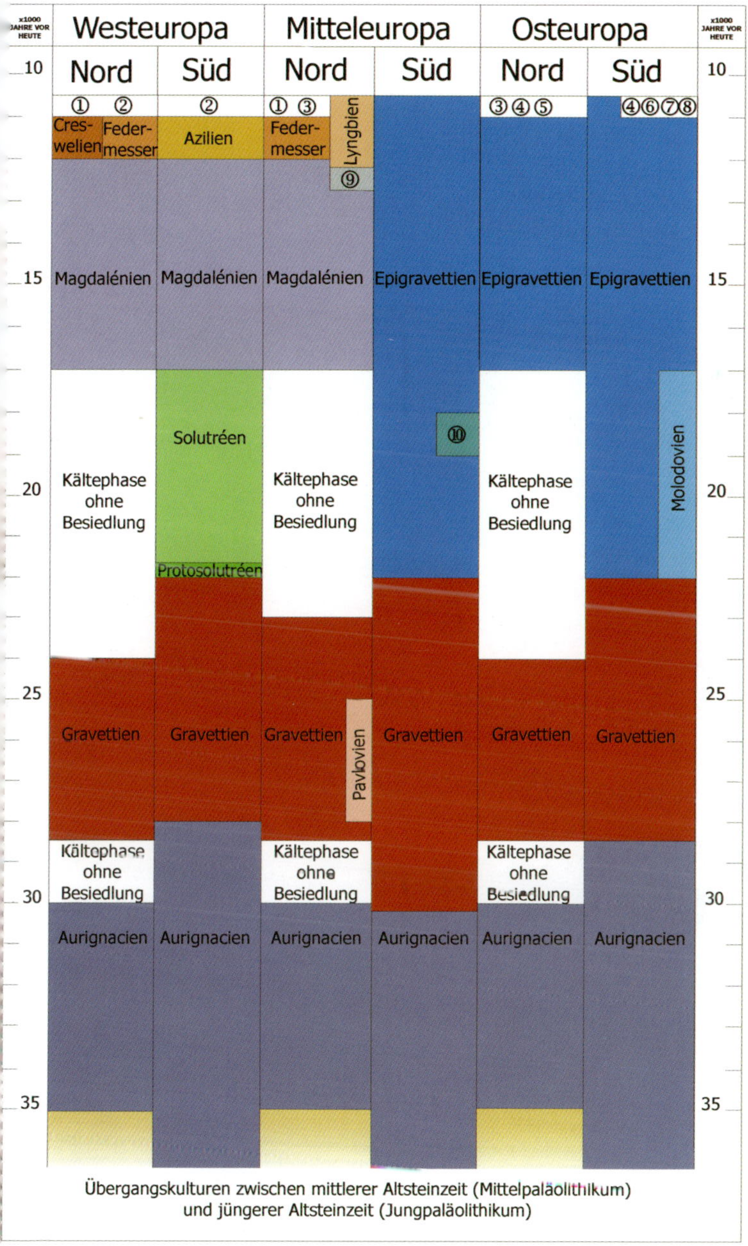

① Ahrensbourgien
② Epiazilien
③ Swidérien
④ Desnanien
⑤ Wolga-Koma
⑥ Steppen-Kultur
⑦ Shan-Kabian-Kultur
⑧ Imeretie Kultur
⑨ Creswelo-Hamburgien
⑩ Sagvarien

8 Letzte Jäger und Sammler

Das Mesolithikum fängt mit dem Ende der Würm- bzw. Weichsel-Kaltzeit vor 11 500 Jahren an und endet vor ungefähr 7 500 Jahren in unseren Regionen mit dem Beginn der Viehzucht und des Ackerbaus.

Die Bevölkerungsdichte betrug 0,1 Personen pro km², demnach lebten auf dem Gebiet der heutigen Bundesrepublik ungefähr 35 000 Personen.

Mehrere Fundstellen in den Alpen belegen, dass die Menschen teilweise in großen Höhen gelebt haben (ca. 1 900 m über dem Meeresspiegel) und über die Alpen hinweg Kontakte zum Süden hatten.

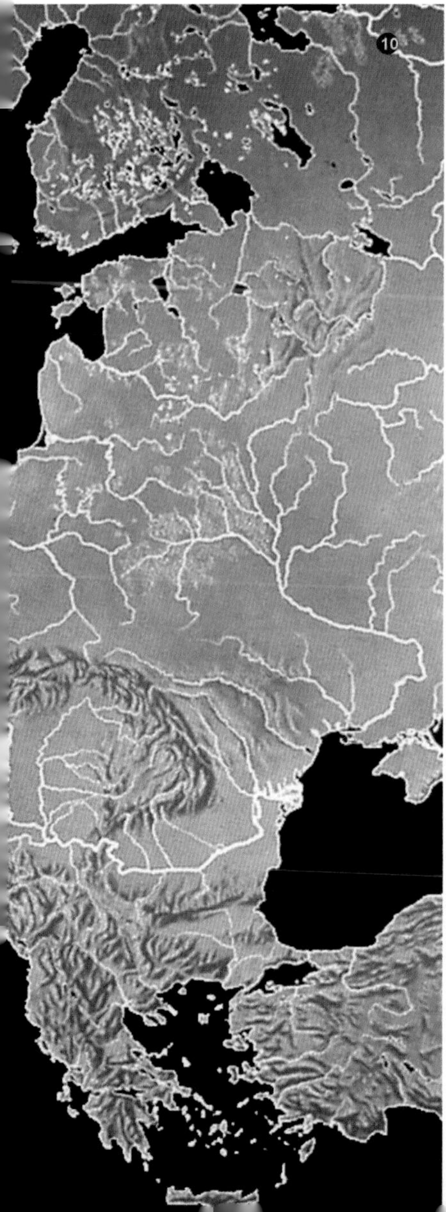

Für das Mesolithikum wichtige Fundstellen in Europa

1 Tardenois
2 Ullafelsen
3 Rottenburg
4 Beuron (Jägerhaus-höhle)
5 Ofnet-Höhlen
6 Friesack
7 Duvensee
8 Holmegard
9 Ertebølle
10 Vix
11 Pesse
12 Bedburg-Königshoven

Leben im Mesolithikum

Der Wald breitete sich wieder aus und die Menschen mussten ihre Lebensweise anpassen: nicht mehr die Tiere in großen Herden, sondern kleinere, einzelne Tiere, die schnell zwischen den Bäumen verschwinden konnten, mussten jetzt gejagt werden. Speere waren dafür nicht geeignet und wurden durch Pfeil und Bogen ersetzt. Die Speisekarte der Menschen änderte sich entsprechend: Rotwild, Wildschwein, Elch, Auerochse, Biber und viele andere Tiere wurden verzehrt, Haselnüsse, Feldkohl, Rutenmelde, weißer Gänsefuß, Himbeeren und Brombeeren wurden gesammelt, ebenso Kräuter, von denen es nun andere Arten gab als vorher.

Moore und Sümpfe breiteten sich aus. Ihnen verdanken wir die Konservierung organischer Stoffe, so dass Seile, Netze, Fäden, Bögen, Speere und Pfeile, Paddelfragmente, Wühlstöcke, Behälter aus Birkenrinde, Birkenpech, Nußschalen und Matten aus Birkenrinde erhalten blieben.

Charakteristisch sind nun sehr kleine, geometrische Steinwerkzeuge, sogenannte Mikrolithen, die in Schäftungen eingebaut zu Messern, Pfeilen, Sägen und ähnlichem zusammengestellt werden konnten. Andere Abschlags- oder Klingenwerkzeuge sind daneben immer noch in Benutzung.

Bei den Bestattungen gab es neben Ganzkörperbestattungen mit Beigaben neue Grabsitten: Es fanden sich Gräber, die lediglich mehrere Schädel enthielten.

Schmuck in Form von Anhängern war weiterhin verbreitet. Bildwerke jedoch verschwanden, die Verzierung von Gegenständen beschränkte sich weitestgehend auf geometrische Zeichen.

Einbaum mit Paddel, darüber die Reuse, links neben dem Einbaum der Grabstock. Alle Rekonstruktionen: Rudolf Walter M.A. „Urgeschichte hautnah"

Die Entdeckung von bearbeiteten und seitlich durchlochten Rothirschschädeln mit Geweih könnte ein Hinweis auf die Spiritualität der Menschen des Mesolithikums sein, denn solche Stücke werden in Sibirien bis heute von den Schamanen als Kopfschmuck getragen.

Einbaum, Reuse und Grabstock

Der Einbaum auf S. 92 unten ist eine Nachbildung des Einbaumes von Pesse, Provinz Drenthe, Niederlande.

Das Original wurde vor 10 000 Jahren mit Feuer und zum Teil mit einem Dechsel aus einem Kiefernstamm gearbeitet. Es ist das älteste Fahrzeug der Welt.

Das Paddel ist eine Nachbildung des Paddels aus Tybrind Vig, Dänemark. Das Original entstand vor 10 500–7500 Jahren. Es ist aus dem Kern des Einbaums gefertigt und mit Birkenpech verklebt.

Der Dechsel ist nach einem 10 500–7 500 Jahre alten Vorbild aus Feuerstein, Geweih, Sehnen und Holz gefertigt, Dechsel wurden zur Bearbeitung des Einbaums verwendet.

Die Fischreuse ist eine Nachbildung der 10 500–7 500 Jahre alten Reuse aus Nidløse, Dänemark.

Sie wurde aus Birkenzweigen gefertigt. Eine Reuse wird in ein Gewässer getaucht und festgebunden. Das Bachbett wird so verfüllt, dass die Reuse den einzigen Durchgang darstellt. Fische, die hineinschwimmen, kommen nicht mehr heraus und können leicht gefangen werden.

Unsere Besucher dürfen das Sitzen im Einbaum erproben

Hinten: Birkenrindengefäß, rekonstruiert nach einem Vorbild aus Vis I, Rußland. Das Original entstand 10 000 bis 5 000 Jahre vor heute. Rekonstruktion: Rudolf Walter M.A. „Urgeschichte hautnah"

Im Vordergrund ein Lamellenkern mit Lamellen und Schlagabfällen, modern gestaltet nach einem Vorbild aus dem Mesolithikum

Der Grabstock ist nach einem 10 500–7500 Jahre alten Vorbild angefertigt.

Grabstöcke dienten dazu, unterirdische Pflanzenteile und Tierhöhlen auszugraben.

9 Bauern und Hirten gestalten eine neue Welt

Zwischen 10 000 und 8 000 v. Chr. begann im Nahen Osten, dem sogenannten „Fruchtbaren Halbmond", eine Entwicklung, die die Menschheitsgeschichte grundlegend veränderte: Aus Jägern und Sammlerinnen wurden Bauern und Viehzüchter. Aus bis dahin nur gesammelten Pflanzen wurden durch Zuchtauswahl Kulturpflanzen, Wildtiere wurden zu Haustieren. Schließlich verfügten die Menschen über mehrere Getreidearten, Öl- und Faserpflanzen sowie über Ziegen, Schafe, Schweine und Rinder. Der Hund war als Abkömmling des Wolfes schon bei den Eiszeitjägern zum treuen Begleiter und Helfer geworden.

Zum Ackerbau gehörten Sesshaftigkeit und damit größere und massivere Behausungen, Vorratshaltung wurde notwendig, ebenso technische Neuerungen: geschliffene Steinbeile traten neben die in den alten Techniken hergestellten Steingeräte und ermöglichten eine bessere Holzverarbeitung, gebrannter Ton ergänzte die üblichen Materialien zur Anfertigung von Behältnissen wie Leder, Bast und Holz.

Dieser Vorgang wird als „Neolithische Revolution" bezeichnet, eine sicherlich richtige Beschreibung, wenn man die Bedeutung der Umwälzung betrachtet. Sie breitete sich entlang der Küsten des Mittelmeeres und über den Balkan bis nach Mitteleuropa aus: Um 6300 v. Chr. gab es im Schweizer Mittelland Menschen, die die alte Lebensweise beibehielten, jedoch schon periodisch kleine Getreidefelder anlegten.

Die Kultur der Linearbandkeramik traf um 5500 v. Chr. in Süddeutschland mit einer anderen Bauernkultur zusammen, die aus dem Südwesten Frankreichs stammte und nach einem Fundplatz „La Hoguette"-Gruppe heißt. Sie stellte ihre Keramik in einer anderen Technik her.

Gleichzeitig lebten in Gebieten, die für den Ackerbau wenig geeignet waren, weiter jägerische Gemeinschaften, sodass zumindest für eine gewisse Zeit verschiedene Gruppen neben- und miteinander lebten und sicher regen wirtschaftlichen Austausch pflegten.

6. Jt.v.Chr.
6./7. Jt.v.Chr.
7.-6. Jt.v.Chr.
8.-7. Jt.v.Chr.
9. Jt.v.Chr.
10. Jt.v.Chr.

Entstehungsgebiete der bäuerlichen Wirtschaftsform und ihre Ausbreitung nach Europa

Das bandkeramische Haus

Die ältesten Bauern hinterließen Keramikgefäße, die mit eingeritzten Bändern verziert sind. Nach dieser typischen Dekorform werden die ersten seßhaften Menschengruppen „Bandkeramiker" genannt.

Innerhalb von 500 Jahren besiedelten die bandkeramischen Bauern die fruchtbaren Böden von der Ukraine bis ins Pariser Becken. Ihre massiven und bis zu 10 x 30 m großen Häuser bewirtschafteten sie als Einzelhöfe oder Hofgruppen auf großen, gerodeten Waldlichtungen.

Diese Häuser, aus unbekanntem Grund immer Nord-West/Süd-Ost ausgerichtet, hatten einen in massiver Blockhaustechnik gezimmerten Schlafteil, eine Mittelzone mit Flechtwänden und einen Vorratsteil mit besonders starken Trägern für die Lagerböden; das Dach war mit Schilf gedeckt. Der Lehm für die Wände wurde gleich neben den Häusern dem Boden entnommen. Gekocht wurde in Gruben, in deren Wände birnenförmige Öfen eingetieft waren. Die Untersuchung verschiedener Gruben in der Nähe der Häuser ergab, dass „männliche" Arbeiten mit Holz und Stein „hinter dem Haus", „weibliche Tätigkeiten" wie Getreideverarbeitung und Kochen im Südosten ausgeübt wurden. Auch die Grabbeigaben weisen auf die unterschiedlichen Rollen von Männern und Frauen hin.

Die Größe der Häuser und die in ihnen und ihrer Umgebung nachgewiesenen Tätigkeiten lassen die Großfamilie als kleinste gesellschaftliche Einheit erkennen. Die aus den drei genannten Hausteilen bestehenden Großbauten wurden durch kleinere Gebäude ergänzt, denen der Vorratsteil fehlte. Deren Bewohner bekamen das Getreide

Modell eines Langhauses

bereits verzehrfertig, auf ihrem Speisezettel stand jedoch mehr Wildfleisch, während die Bewohner der Großbauten mehr Fleisch von Haustieren aßen. Ob sich hier soziale Unterschiede oder das Nebeneinander verschiedener Bevölkerungsgruppen spiegelten, ist unklar.

Aktivitätszonen in der Umgebung bandkeramischer Häuser

Untersuchungen an den Gruben in der Umgebung der bandkeramischen Häuser haben ergeben, dass Grob- und Feinarbeit mit Steingeräten im Norden und Nordwesten der Häuser verrichtet wurde, im Süden dominieren Getreidereste und Keramik. Ähnlich verhält es sich mit den Holzresten: Harthölzer (Eiche und Ulme) wurden im Norden und Westen, Hecken-, Waldrand- und Kernobstgehölze (Reisig zum Kochen) im Süden und Osten nachgewiesen. Offenbar waren die Arbeitsbereiche von Männern und Frauen getrennt; da sich die Kinder sicher mehr bei den Frauen aufhielten, war es sinnvoll, sie von den unfallträchtigen „Männerarbeiten“ fernzuhalten.

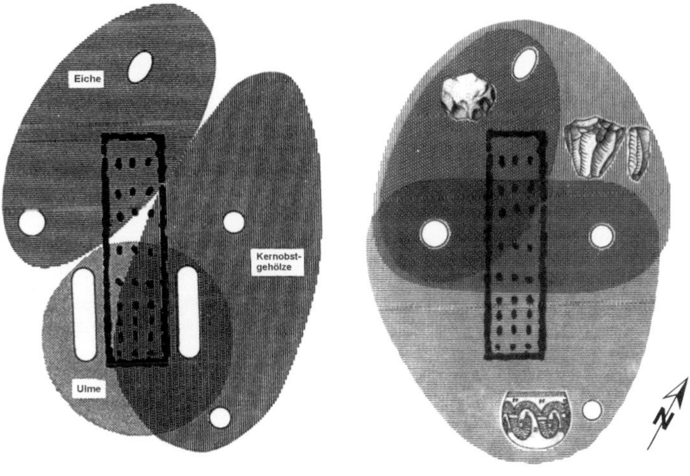

nach Boelicke

In der Mitte der Zeichnung sind jeweils die Hausgrundrisse zu sehen, die sich überschneidenden Flächen markieren die Aktivitätszonen

Das bäuerliche Leben

Vier Getreidearten (Einkorn, Emmer, Zwergweizen und Gerste), Linsen, Erbsen und Lein als Öl- und Faserpflanze stammten schon aus dem Zentrum der neolithischen Revolution, Schlafmohn kam aus dem südwestlichen Mittelmeerraum zur Ölgewinnung hinzu, ebenso die Gemüse- und Gewürzpflanzen Fenchel und Sellerie.

Rinder

Schafe

Feuersteineinsätze von Sicheln mit dem durch das Schneiden von Getreide entstandenen „Sichelglanz" sind häufige Funde. Die verschiedenen Stufen der Getreideverarbeitung bis hin zum Brotbacken sind gut nachgewiesen. Die Verwendung eines Holzpfluges zur Feldbestellung kann allerdings nur vermutet werden. Ergänzt wurde die Palette pflanzlicher Nahrung durch das Sammeln von wilden Pflanzen und Früchten aller Art; vor allem Haselnüsse spielten hierbei eine wichtige Rolle.

Am günstigsten für eine Ansiedlung waren Plätze, in deren Nähe es Wasser, fruchtbaren Boden und Wald gab. So lag die früheste Siedlung im Neckarmündungsgebiet an einem

Ziegen

Die Getreidekörner wurden mittels eines „Läufer" genannten Steines auf dem Mahlstein zerquetscht. Die Mühen des Mahlens können an einem Beispiel nachempfunden werden

verlandeten, aber sicher noch stehendes Wasser führenden Neckararm, an den das bewaldete Dünengelände nahe heranreichte und ein Streifen fruchtbaren Schwemmlehms gute Ernten garantierte.

Durch Spinnen, Weben und Flechten wurden Wolle, Lein, Rinde und andere Fasern zu Stoffen, Taschen, Seilen und Matten verarbeitet; aufgrund des konservatorisch ungünstigen mitteleuropäischen Klimas sind uns allerdings fast keine Reste dieser organischen Materialien erhalten. Nur die aus Ton gefertigten Spinnwirtel sind Hinweise auf die Textilproduktion, in einigen Brunnen sind auch Basttaschen erhalten geblieben.

Ob Rinder als Zugtiere vor dem Pflug verwendet wurden, ist bis jetzt genau so unbewiesen wie die Nutzung von Ziegen und Kühen als Milchlieferanten. Von besonderer Bedeutung für die Viehzucht waren die lichten Wälder, die als Weide dienten, für die Herbstmast der Schweine mit

Schweine

Eicheln und Bucheckern sorgten und Laubheu für den Winter lieferten.

Einen wesentlichen Beitrag zur Ernährung lieferten Jagd und Fischfang. Knochen von Wildtieren, Fischgräten und Muschelschalen finden sich neben den Haustierknochen in den Abfallgruben. Hirschhorn und Knochen waren wertvolle Rohstoffe für Werkzeuge aller Art. Pfeil und Bogen, Netze, Angelhaken und Harpunen wurden allerdings schon von den frühen Jägern erfunden und sind uraltes Erbe der Menschheit.

Der große Holzbedarf für Haus- und Brunnenbau sowie für viele Dinge des täglichen Bedarfs konnte nur mit

Ein neolithisches Dorf mit Langhäusern. Szenische Wandbemalung: Renate Berghaus

Ein neolithisches Dorf mit Langhäusern

wirkungsvollem Werkzeug gedeckt werden. Die quer zum Stiel geschäfteten Dechsel verschiedener Größen und die schweren Spaltkeile wurden aus hartem kristallinen Gestein geschliffen und durchbohrt (s. Abb. S. 104). Ein in großen Teilen erhaltener Brunnenkasten aus dicken Eichenbohlen zeugt von der meisterhaften Zimmermannskunst der frühen Bauern.

Ein neolithisches Dorf, Detail

Grabbeigaben und Siedlungsreste als Spiegel des Alltags

Am häufigsten erhalten ist Keramik, natürlich meist in zerscherbtem Zustand. Ihre Fertigung erforderte die Kenntnis einer komplizierten Technologie; das Wissen um die Materialien und den Ablauf der Fertigung von der Formung des Gefäßes über Trocknen, Brennen, Oberflächenbehandlung und Verzierung geht auf eine Jahrtausende alte Handwerkstradition zurück. Allein das Reißen des Tones bei Trocknung und Brand mithilfe der Beimischung, der sogenannten Magerung, zu vermeiden, ist eine hohe Kunst. Die Gefäße wurden ohne Töpferscheibe in der Art der „Aufbaukeramik" hergestellt; dabei wurde die Wandung aus Tonwülsten freihändig hochgezogen. So entstanden dickwandige Grob- und Vorratskeramik, aber auch glänzend polierte und reich verzierte Gefäße, deren Muster mit weißer und roter Farbe ausgelegt waren. Eine andere Handwerkstradition verrät die Keramik der aus dem Südwesten stammenden La-Hoguette-Gruppe. Im Gegensatz zur Bandkeramik magerte sie den Ton mit kleinen Knochenstückchen.

In den Gegenständen, die den Toten ins Grab gelegt wurden, spiegelte sich wohl eine soziale Gliederung: es scheint Familien gegeben zu haben, die mehr hochgeschätzte Güter wie aus großen Entfernungen importierte Muscheln besaßen. Auf was sich ihre höhere gesellschaftliche Stellung gründete, wissen wir noch nicht. Auch bei den Siedlungen existierten Rangunterschiede. Anscheinend besaß die „Gründersiedlung" einer Region, in unserem Fundgebiet Mannheim-Vogelstang, besonderes Ansehen. Ihre Sonderstellung zeigte sich zum Beispiel in unge-

Ein Steinbohrer zum Ausprobieren

Schnurkeramische Gefäße und Werkzeuge aus Stein

wöhnlich zahlreichen Bruchstücken von kultischen Gegenständen, die in der Siedlung zutage kamen.

Nur wenige Funde geben uns Informationen über das geistige und religiöse Leben der frühen Bauern. Die geringen Bruchstücke von Ton- und Knochenidolen zeigen Verbindungen nach Südosteuropa. Sie sind Überreste von Frauen- und Tierfiguren und passen gut zur Gedankenwelt einer Bauerngesellschaft, in der die Fruchtbarkeit der Erde sowie von Mensch und Tier zentrale Bedeutung hatte.

Normalerweise gibt der Totenkult einer Gesellschaft Hinweise auf Religion und Jenseitsvorstellungen. Bei den bandkeramischen Bauern gab es in dieser Beziehung eine ungewöhnliche Vielfalt. Tote wurden in der Siedlung oder auf regelrechten Friedhöfen bestattet, es gab jedoch auch Brandbestattungen und geheimnisvolle Bräuche, bei denen die Toten entfleischt und ihre Knochen danach nach einem nicht nachvollziehbaren System beseitigt wurden. Möglicherweise spiegelt sich in dieser Vielfalt die Tatsache wider, dass die bandkeramische Kultur aus verschiedenen ethnischen Quellen entstanden ist oder dass in den Siedlungen Bevölkerungsgruppen unterschiedlicher Herkunft wohnten.

Die Grabbeigaben zeigen zwar verschiedene Rollen von Mann und Frau, die gleichmäßige Verteilung von Prestigegütern wie zum Beispiel von importiertem Muschelschmuck deutet jedoch auf Gleichberechtigung zwischen den Geschlechtern hin.

Besonders schmerzlich empfinden wir die Quellenlage bei der Frage nach den Handelsbeziehungen. Qualitätvoller Feuerstein und hartes Steinmaterial für Dechsel wurden über Hunderte von Kilometern verhandelt, ebenso Roteisenstein (Hämatit), dessen Pulver mit Fett vermischt eine tiefrote Farbe ergibt, die zum Färben und Schminken, aber sicher auch zum Tätowieren Verwendung fand. Noch weiter war der Weg, den Muschelschalen aus dem östlichen

Links Bruchstücke von Ton- und Knochenidolen, oben ein bandkeramisches Gefäß, unten rechts die Rekonstruktion einer Halskette

Mittelmeer oder von der Atlantikküste zurücklegten. Die Masse der Handelsgüter wie Textilien, Honig, Wachs, Salz und Spezialitäten aller Art hinterließ jedoch keine Spuren. Lediglich Scherben von Gefäßen, die in einer Art verziert sind, wie sie in weit vom Fundort entfernten Gebieten üblich ist, lassen vermuten, dass sie mit einem begehrten Inhalt geliefert wurden.

Um das Jahr 5000 v. Chr. verschwand nach 500 Jahren die bandkeramische Bauernkultur innerhalb weniger Generationen. Für diesen Vorgang sind Klimaschwankungen, Umweltprobleme und Seuchen verantwortlich gemacht worden; all dies sind jedoch unbewiesene Annahmen. Die Funde zeigen allerdings an Skeletten Mangelernährung und die Spuren kriegerischer Auseinandersetzungen; auch die so lange Zeit funktionierenden Netzwerke der Rohstoffversorgung brachen in dieser Zeit zusammen.

Bauern und Viehzüchter an den Seen

Von 4000 v. Chr. an errichteten verschiedene Menschengruppen Siedlungen an den Seeufern nördlich der Alpen in einer Bauweise, die südlich des Gebirges schon vorher üblich war. Einflüsse aus dem Süden und Westen und durch den Kupferhandel auch aus dem Osten sind festzustellen, sie lassen einen intensiven Handel erkennen und führten zu großer kultureller Vielfalt.

In diesen Feuchtbodensiedlungen, früher „Pfahlbauten" genannt, war die Bauweise dem feuchten Untergrund angepasst. Mit ausgeklügelten Konstruktionen wurde das Einsinken der Häuser in den weichen Untergrund verhindert und damit den wechselnden Wasserständen entgegengewirkt.

Anders als in den Freilandsiedlungen sind in den heute oft unter Wasser liegenden erhaltenen Siedlungsschichten dieser Uferrandsiedlungen Funde aus organischem Material erhalten geblieben. Sie geben uns nicht nur über den Speisezettel der Menschen Auskunft, sondern gestatten uns einen sonst verwehrten Blick auf Textilien, Holzschnitzereien und Zimmermannsarbeiten jener Zeit. Sogar das „Kaugummi" der Steinzeit, Stücke aus Birkenpech, auf denen noch die Zahnabdrücke der Kauenden zu sehen sind, ist erhalten geblieben.

Die wichtigsten Informationen liefern jedoch die Hölzer aus den Siedlungsschichten. Sie erlauben es, mit Hilfe der Baumringuntersuchungen, der Dendrochronologie, das genaue Fälldatum des entsprechenden Baumes und damit das Jahr der Baumaßnahmen zu erschließen. Hierdurch konnten Messfehler der Radiokarbonmethode (C14) korrigiert werden, und so verfügen wir heute über ein sicheres Zeitgerüst für das Neolithikum.

Links eine rekonstruierte Sichel und ein Mahlstein für Getreide, rechts Steinbeile sowie Spaltkeile und ein bandkeramisches Gefäß

10 Händler und Bergleute – Der Aufbruch in die spezialisierte Arbeitswelt

Der Feuerstein, eine Abart des quarzitischen Jaspis, war für die neolithischen Bauern unentbehrlich. Da Qualität, Farbe und Eigenschaften von verschiedenen Vorkommen variierten, entwickelten sich quer durch Europa Handelsnetzwerke, die ihrerseits auch den Vertrieb anderer begehrter Waren wie Pelze, Textilien, Salz und Schmuck spiegelten, da der Feuerstein auch „bezahlt" werden musste. Nachdem am Ende des 5. Jahrtausends v. Chr. das Kupfer aus dem Osten nach Europa gelangte und dort auch bald verarbeitet wurde, erweiterte sich die Palette der Tauschgüter.

Feuerstein kommt in der Natur in Form von Knollen oder Platten vor, die besseren Qualitäten mussten jedoch aus unterirdischen Lagerstätten ergraben werden.

Die Abbaumethoden hatten sich den jeweiligen begleitenden Ablagerungen anzupassen. Bei Einlagerung in tragfähige Gesteine wurde die feuersteinhaltige Schicht mit senkrechten Schächten angegraben und dann in Stollen weiterverfolgt wie etwa in Spiennes bei Mons, Belgien.

Ermöglichte lockeres Gestein nur senkrechte Schächte, wurden diese bis auf die ersehnte Schicht gegraben, die dann in Reichweite ausgeräumt wurde. Besonders begehrt war während des gesamten Neolithikums der Feuerstein von Rijckholt bei Maastricht oder der aus Arnhofen, Kreis Kehlheim an der Donau, der nur im Schachtbau erreichbar war. Bei diesem Fundort zeigen Abertausende von Schächten, wie umfangreich der Abbau und damit natürlich auch der Handel war.

Die geringe Größe von Stollen und Gruben macht es wahrscheinlich, dass vor Ort wohl vorwiegend Kinder tätig waren. Wie der Abbau organisiert war und die Arbeiter ver-

Rohmaterial und Halbfabrikate aus verschiedenen Feuersteinlagerstätten. Rechts und links die Rekonstruktionen von Arbeitsgeräten

sorgt wurden und ähnliches sind Fragen, die heute noch nicht beantwortet werden können.

Die Orte der Feuersteingewinnung zeigen Unmengen von Abfallmaterial, meistens wurden Halbfabrikate vertrieben. Nachdem im 4. Jahrtausend v. Chr. Pferd und Wagen eingesetzt wurden, hat dies den Handel sicher erleichtert und intensiviert.

Das kleine Feuersteinensemble, das aus einer einzigen mittelneolithischen Grube (ca. 4600 v. Chr.) des Mannheimer Raumes stammt und sowohl den dunklen Rijckholt-Feuerstein wie den gebänderten Arnhofener Plattenhornstein enthält, ist der Beweis für die Intensität des Handels und die Verfügbarkeit des Rohstoffs.

Besondere Spitzenprodukte wie meisterhaft gearbeitete Dolchklingen aus dem honiggelben Material von Grand Pressigny, Dép. Indre et Loire, Frankreich, machten sogar der Bronze lange noch erfolgreich Konkurrenz und galten wohl zeitweise als Prestigegut und Statussymbol.

Feuersteinbergbau in Terrassen und Weitungen

In der Jungsteinzeit nehmen die Belege für den unterirdischen Abbau von Feuerstein stark zu. Die Zahl der Bergwerke und die Längen der Abbaustrecken zeigen, dass sich bereits damals der Beruf des Bergmannes als Spezialist für die Gewinnung des Roh- und Handelsmaterials Feuerstein herausgebildet hatte.

Es gab unterschiedliche Bergwerkstypen, je nach Geländeform, Art des Gesteinsuntergrundes und Lage des Feuersteinvorkommens.

Der hier gezeigte Feuersteinbergbau bezieht sich auf den Fundort Pleigne „Neumühlefeld III/Löwenburg“ in der Schweiz, Kanton Jura.

Nachbau eines Feuersteinbergwerkes in Originalgröße. Die Weitung rechts im Vordergrund kann ein Stück begangen werden

Nachbau des Feuersteinbergwerkes, Detail

Die Bergleute hatten hier vor 5000 Jahren zunächst im Tagebau an einem Hang eine Terrasse freigeklopft, von dieser aus wurden dann etwa 1 m hohe Gänge, sogenannte Weitungen, 2 bis 3 m tief in den Berg geschlagen. Zur Stabilität ließ man dazwischen Felsstützpfeiler stehen. Teil-

Blick in die Weitungen des Feuersteinbergwerkes

Tier- und Pflanzenwelt auf der Oberfläche des Feuersteinbergwerkes

weise waren die einzelnen Weitungen mit Quergängen verbunden. Die in Kalksteinschichten auftretenden Feuersteinlagen und -knollen wurden mit Geröllschlegeln aus Stein und Hämmern und Picken aus Hirschgeweih abgebaut.

Der Abraum wurde vorn auf der Terrasse aufgehäuft oder man verfüllte damit aufgegebene Weitungen.

Eine Bestattung der Glockenbecherkultur

In der Glockenbecherkultur, sie dauerte von ca. 2600 bis 2100 v. Chr., wurden die Toten in der sogenannten

Deutlich sind die angezogenen Beine bei dieser Körperbestattung zu erkennen. Rechts oben liegt der Glockenbecher

Hockerstellung mit angezogenen Beinen und Armen bestattet; vielleicht sollte diese Körperhaltung, die dem des ungeborenen Kindes im Mutterleib entspricht, die Rückkehr des Verstorbenen zu seinen Ursprüngen bedeuten. Die Frauen wurden auf der rechten, die Männer auf der linken Seite liegend begraben.

Während der Knochenknebel unseres Grabes von Ilvesheim, Rhein-Neckar-Kreis, Gewann „Weingärten", wohl Teil des Gürtels und damit der Kleidung war, handelte es sich bei dem Gefäß um eine bewusste Beigabe. In einem englischen Grab derselben Zeit und Kultur enthielt der beigegebene Becher Reste von Met; ein Getränk ist auch in unserem Fall zu vermuten.

Beigaben in Gräbern sind nur durch Jenseitsvorstellungen und den Glauben an ein wie immer geartetes Leben nach dem Tod zu erklären.

Das Hockergrab in der Ausstellung gehört ungefähr in die Zeit um 2200 v. Chr.

Tradition und Wandel

Den Platz der Bandkeramiker nahmen kleinere Bevölkerungsgruppen ein, die sich in Keramikstilen, Bestattungssitten und Hausbau von ihnen und untereinander unterschieden. Um das Jahr 4300 v. Chr. ist das erste Kupfer in Mitteleuropa nachgewiesen.

Doch trotz aller Neuerungen, die sich im Hausbau, den Werkzeugen und den Kulturpflanzen ergaben, blieb die Lebensgrundlage der Menschen unverändert: sie ruhte auf den drei Säulen Ackerbau, Viehzucht und Jagd. Klimaschwankungen veränderten die Art und die Zusammensetzung der Nahrung, es gab jedoch keine grundlegenden Neuerungen, keine „zweite Revolution". Selbst die Erfindung des Wagens und die Zähmung des Pferdes als Reit- und Zugtier im 4. Jahrtausend v. Chr. riefen keine tiefgreifende Wandlung hervor.

Hierin unterschied sich das mitteleuropäische Neolithikum von den Entwicklungen im Vorderen Orient, wo von derselben wirtschaftlichen Basis aus der Weg zu Schrift, Großarchitektur und Stadtkultur führte. Schon im 3. Jahrtausend v. Chr. gab es dort Großreiche, während in Mitteleuropa die neolithischen Bauernkulturen ohne erkennbare soziale Differenzierungen weiterexistierten.

Auch als gegen Ende des Neolithikums noch einmal mit der Schnurkeramik und der Glockenbecherkultur Erscheinungen auftraten, die große Teile Europas erfassten, änderte sich an den grundlegenden Tatsachen nichts. Mitteleuropa ging als Bauernkultur in die Bronzezeit.

VIII, 112 Seiten mit 83 Farb- und 16 Schwarzweißabbildungen

Umschlag-Vorderseite: Büstenrekonstruktion des Menschen von Mauer
Wissenschaftliche Rekonstruktion: W. Schnaubelt und N. Kieser/WildLife Art
Photo: Thomas Ernsting
Graphik: naroska design, Berlin

Vorsatz: Tabelle, Entwicklung von Mensch, Klima und Umwelt
Graphik: G. Polikeit/G. Rosendahl/W. Rosendahl

Frontispiz: Szene „Familientreffen"
Wissenschaftliche Rekonstruktion der Figuren: W. Schnaubelt und N. Kieser/WildLife Art
Photo: Jean Christen, Reiss-Engelhorn-Museen

Bibliografische Information der Deutschen Bibliothek

Die Deutsche Bibliothek verzeichnet diese Publikation in der Deutschen Nationalbibliografie; detaillierte bibliografische Daten sind im Internet über *<http: // dnb.ddb.de>* abrufbar.

ISBN 3-8053-3132-0 (Buchhandelsausgabe)
ISBN 3-8053-3133-9 (Museumsausgabe)

Satz und Gestaltung: Lothar Bache, Verlag Philipp von Zabern
Lithos: Das Reprohaus, Offenbach

Printed in Germany by Kunze & Partner, Mainz
Printed on fade resistant and archival quality paper
(PH 7 neutral) · tcf

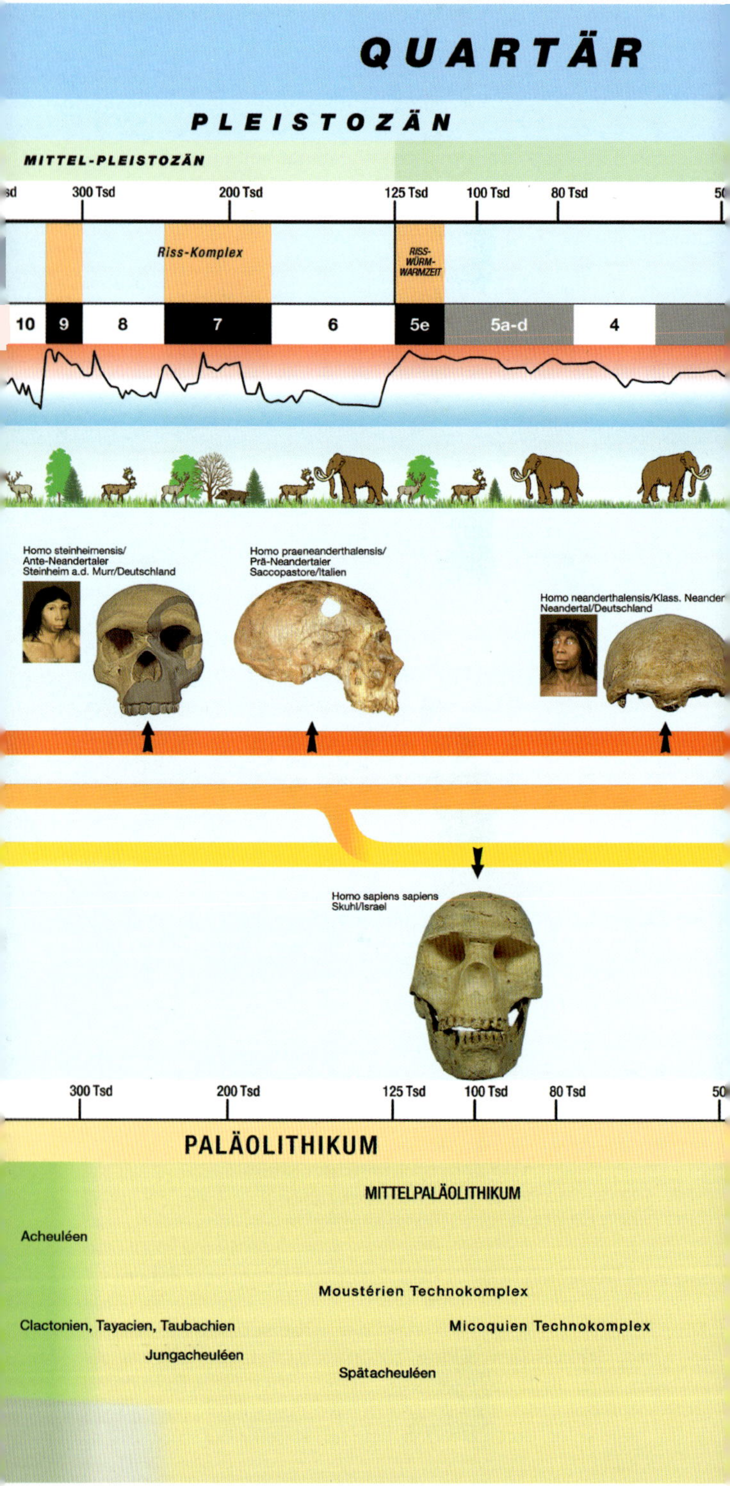

QUARTÄR
PLEISTOZÄN
MITTEL-PLEISTOZÄN
300 Tsd
200 Tsd
125 Tsd
100 Tsd
80 Tsd
Riss-Komplex
RISS-WÜRM-WARMZEIT
10
9
8
7
6
5e
5a-d
4
Homo steinheimensis/
Ante-Neandertaler
Steinheim a.d. Murr/Deutschland
Homo praeneanderthalensis/
Prä-Neandertaler
Saccopastore/Italien
Homo neanderthalensis/Klass. Neander
Neandertal/Deutschland
Homo sapiens sapiens
Skuhl/Israel
300 Tsd
200 Tsd
125 Tsd
100 Tsd
80 Tsd
PALÄOLITHIKUM
MITTELPALÄOLITHIKUM
Acheuléen
Moustérien Technokomplex
Clactonien, Tayacien, Taubachien
Micoquien Technokomplex
Jungacheuléen
Spätacheuléen